女の子のための バイブを 20年間 作ってきました

Vibrator for girls
I made it for 20 years

♥♥♥♥♥♥♥♥♥♥♥♥♥♥♥♥♥♥

emiemi
河野エミ

モモンガ

【もくじ】

（漫画…漫）

第2章　性・恋・体 —— 61

第3章 悩みって結局何？——103

グッズ
ラブ
セイ
考えたり
考えなかったり。

第1章
ラブグッズと私

ごあいさつ

皆さん
こんにちはー
河野エミと
言いまーす。
どーもー
あだなは
エミエミ
でっす。
私は約
20年間
必勝
さつえい
OK!
ローションプロ
失敗
かわいい
SMグッズ♡
女子の体・性・恋の
お悩みを
解決するものを
企画して
開発・販売する仕事を
してきました。
カレー
そうそう
バイブレーターや
ローターも
ヒツヨー
なんスよ
たくさん考えて
生み出してきました。

あ、今ちょっと
エッチーとか
あやしいとか
ぞろ
スタッ
思いませんでした？
ぞろ
ぞろ
フヒヒ
たしかにそーかもー
ですが…
江戸時代
60年～70年代
民芸。。
扱いだったそうです。
私ね
20年もこの仕事
やってきて
いろいろ生み出す中で
ラブグッズって
けっこう奥深い
と思うんですよ。
ローター
安いよ―。
500円くらいから
買えるヨ。それ以下もありそう。
おふろで使えるモノもあるヨ♪
11段階とか
バスト用とか
ストレートタイプや
まわるものも！
お悩みによって
役立ち方が違うし
今行くよ―
ラブじゅんび
リラーックス
性感帯みがき

そういえば
私が入社した
きっかけもラブグッズ
もっとかわいくならんのか♪
十周年で
作った映画も
ラブグッズがテーマ。
Love goods…
誰かと話をしていて
興味を持たれるのは
他にはラブグッズも作っていて
ラブグッズ。
ハピバ
コレが一番うれしい
ラブグッズには
みんな興味、
あるんですね。
ずらり…
さらに
ラブグッズで
たくさんの女子が
救われたりも
しています。

でもさ
「実際作ってる人って何考えてるの？」
とか
「変わった感じなの？」
とか
「専門的な知識は必要？」とか
「なんで二十年も？」
とか、気になると思うんです。
私もたくさん伝えたい想いがあふれてきました。
ピリ
ピリ
そこでこの本で残してみることにしました。
つたないですがぜひ見て
へー、とかホーとかクスッと笑ってもらえたら、と思います。
happy
SEXUAL
LOVE

まさか20年も作り続けるとは…

関わってきて思うこと

バイブレーターが日本で売り出されたのは、1960年代と言われており、当時はバイブ本体にこけしのような顔の装飾があり、まるで民芸品のように見えていたそうです。

バイブレーターとは、その昔、大人のおもちゃと言われていたモノ。最近では、愛着を込めてラブグッズとも言われています。ラブ（愛し愛される）のためのグッズという意味です。

私がバイブレーターの開発に携わったのは、地元九州を離れ、上京して2年目の2004年から。前職は、派遣社員として働いていましたが、突然クビになりました。

仕事ナシ、金ナシ、彼氏ナシ。

ついでに言うと、カルト映画好き、サブカル大好きっ子で、クラスのカーストにも入らない私が急遽、ちゃんとした就活をすることになりました。もう27歳だし、せっかくなら、「本当にここで働きたい！」というカテゴリの仕事にしよう。

　そう思って、再就職先を探したとき、偶然見つけたのが化粧品や雑貨、ラブグッズも取り扱っていますよ、という会社でした。


「珍しいし面白そう」


決め手はなによりバイブレーターでした。

何をするにも少数派の私には、合っているかもしれない。

おそらく、化粧品や雑貨だけ作って販売するメーカーだったら、応募していなかったと思います。

でも「女性のセクシャルな市場を変えたい！」「閉ざされた性を表に！」というような…熱い想いも、当時の私には全くありませんでした。

「可愛いの、ないなあ」

　このくらいのテンションでした。とにかく早く再就職先を決めないと、私には行くところがない！

焦りもあり、バイブレーターに携わりたい、というより「早く働かせてください！そうしないと生活費が底を…」そんな状態でした。

可愛いの、考えても…

入社してすぐのタイミングで、やっぱり依頼されました。

「可愛いの、考えてください」

やっぱりな。フフフ。もともとイラストが得意だった私は、たくさんラフを描き提出しました。

- 朝顔
- きのこ
- チューリップ
- こけし
- こびと

…ほぼ毎日ラフ画を描いて提出↓却下↓全く違う形に修正の繰り返し…。

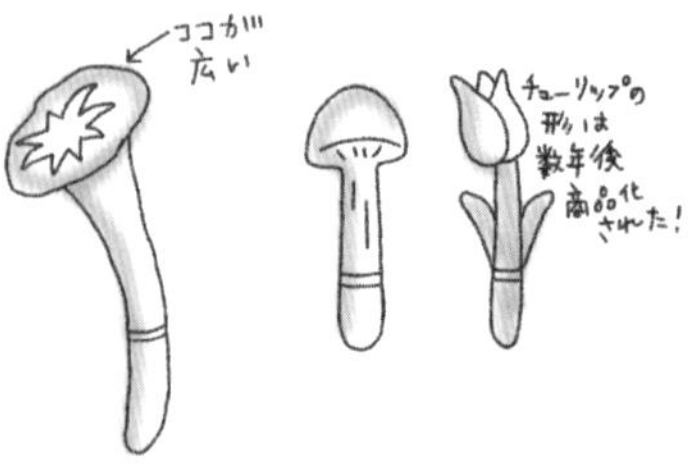

「これ可愛いのになあ」「結局シンプルな形にされた」など。ちょっぴり愚痴っぽくなりながらも、試行錯誤してバイブレーターを開発していきました。その結果、見た目が可愛いものも生み出してきました。でも、意外と可愛いものってすぐには売れない…。

シンプルイズベスト！　バイブレーターにもあてはまります。

さらに、開発や企画を進めていくと、入社当時より明らかに考え方、視点が変わっていました。

入社当時は、購入する方の気持ちやお悩みを重視するより、ただ自分が「可愛い」と思う形にこだわって、無心にラフを描いていました。

でも、生まれて初めて関わったラブグッズが売れはじめたとき、購入した方の感想を読んで「あ、私が思ってたコトは求められてない」と感じたことがありました。ただ可愛いだけではダメで、

- 女性それぞれのお悩みに対処できるか？
- 誰が使用しても（平均的に）「気持ちよく」なれるのか？

ここが重要でした。

そこから、企画をする際には、購入する方のパーソナルデータを架空で作り、お悩みと、それを解決するための機能や設計を考えながら、作業を進めました。

スマホの普及とともに

入社以降、月イチか二か月に1個、新しいバイブレーターを企画開発していました。日々、めまぐるしく過ぎる中、2007年頃には、スマホの普及とともに、ラブグッズも脚光を浴びはじめていました。

「シンプルな形でパステルカラー。お悩みを対策しつつ、スキンケアのようにセクシャルな面でも自分を磨いて…」という啓もう活動も実を結んだのでしょうか。

世の中の変化とともに、ラブグッズも一般女性が持つ一つのアイテムとして、置かれている位置に変化が出始めてきました。

雑誌やメディアの一部では、スキンケアグッズのように取り扱われることも増えてきました。

今や、フェムテック（フェムテックとはフィメールとテクノロジーをかけあわせた言葉。女性が抱える生理や性の課題をテクノロジーで解決する、という考え）市場も認知度が上がっています。有名なグラビアモデルさんがバイブレーターのことを語ったり、ＰＲしたりする時代。バイブレーターが表舞台に出ていくことは、すごいことだし、20年前には考えられませんでした。

でも、マイナーだったバンドがメジャーデビューするように、有名になりすぎると、私はほんのり寂しくもあります。

バイブレーターって、やっぱりセクシャルなもの。一人で使おうと、誰と使おうと「秘めごと」にしておきたいなあ、と。親心のような…。

でも、こんなことを思っている間にも、娘（私が手掛けたラブグッズ）たちは、誰かの悩みを解消したり、誰かを気持ちよくさせたりしているんだろうなあ…。

「あんた、そんなことどうでもいいから、働きなさい！」

ラブグッズたちに、そう叱られそうです。

エロに真剣なだけなのに

バイブ作ってる人の頭の中

「化粧品と雑貨と、あとバイブも作ってます」

打ち合わせでよく言う言葉。

友達の友達を紹介されるときに、友達からも言われる。

「この人バイブ作ってるんすよ」

ええ、作ってますとも。

「でも、化粧品とか雑貨とか食品も作ってますよ。毎日それだけ作っては、ないです」

いちいち、私はこれを言う。ちょっと戦ってしまいます。

最近はそこまでひどくはないのですが、10年以上前は、対応する相手によっては、内に秘めた熱い戦闘能力を用意しておいて、挑むこともありました。

何がひどかったって、会う人会う人に「バイブ作ってる人＝ドエロ」と思われていたこと。打ち合わせ終わりに必ずと言っていいほど

「で、あなたも使ってるんですよね、キヒヒ」とか言われたり。

「モニター品は全部試してるんでしょ。アダルト業界の人も大変だね」とかさ。

初めの頃は
「弊社のアンケートによりますと、7割以上の一般女性が使用している、と回答しております」とか「アダルト業界ではないんですけどね」とか真面目に答えていたけど、これが何回も続くとさすがにゲンナリしてしまいました。

そこで私は考えました。

なんとかそのような方からの誤解というか〝興味本位エロ〟を、帰るまでに終わらせておこう、と。若いスタッフも増えてきた頃、まじめに受け止めてショックを感じている方もいたので私がなんとかしなきゃと…。

考えを駆使した結果、編み出したのが、自己流「興味エロ攻略話芸」。

発言するときにちょっぴり、マルチ商法風に話す、これだけ！　これだけで即、撃退できる！

「化粧品や雑貨、バイブも作っています。

あ、ハイ！　えー、ここでね。よくお客様からあなたもラブグッズ使ってるか？なんて聞かれるんですよ。気になりますよね。そこでですね、お客様！　先日、実施した弊社アンケート結果では、実に7割の女性が使ったことがある、と回答。アンケートページにしっかり掲載されてますからね。ぜひ読んできてほしかったなーってね。正直思うんですよ、私」

こんな感じで、ある部分からカチッとスイッチ切り替えて、マルチ商法風トーンを入ればOK。コツはやりすぎないこと。

マルチトーンを入れるのは、あくまでも伝わるか、伝わらないか、くらいの割合で。そうすると、自分の中の〝エロい俺〟があふれそうな方も、ほぼシーンとし、お帰りの際には冷静な気持ちで会議室をあとにされます。（たぶん）

あと、こういうパターンもあります。

「よくお客様からあなたもバイブ使ってるか？って聞かれるんですよ。ええ、使ってますよ。お客様！　開発者が使用しないで、世の中の女性の悩みがサポートできると思います？　ちなみにお客様は自社の商品使ってますか？　自信持っているなら、当然使ってますよね？」

もはやケンカ？　と思うのですが、真剣すぎて、熱すぎてこうなってしまうんです。

で、そんな私の頭の中は、と言うと…。脳内メーカーというサイトによると、１００

パーセント「食」という結果でした…。そして実際の私の頭の中は…

5割：仕事と原稿書き
（新商品のアイデア、テーマとか）
5割：睡眠
（今日何時に寝れるか？）
以上、終わり！

逆に、ドエロに浸る時間がほしいくらい。
とにかくエロに真剣なんです。

私のバイブ初体験

初めて買ったときのこと

私が初めてラブグッズを買ったのは20代前半。

下着を買おうと見た通販雑誌の最後のページに、コンドームやTバックショーツと一緒に掲載されていました。

そのページは一面「大人が夜、ベッドで使うもの」特集だったのですが、バイブレーターはピックアップ商品として、少しだけ目立って、でもひっそりとたたずんでいました。棒状のアイスのような形に、ショッキングピンクにハートの柄。さらに先端には顔がついている。

商品名は「微少年」。

当時、バイブレーターというものは知っていましたが、使用経験はなし。こんな可愛いこけしみたいなものが、回ったり、震えたりするんだ…と。しばらく見つめていた気がします。その後、数分悩んで決めました。

一回、買ってみよう！

次の瞬間、腹と尻の肉をギュウギュウに詰めるガードルと、胸の谷間を作るブラジャーと一緒に、私は「微少年」の商品番号を書いて、そっとカバンにしまいました。

私をどうしてくれるのか

すぐにポストに投函すれば良かったのですが、カバンにしまったままそのまま放置して忘れていました。数日後、気づいた私は、また悩みます。

二千五百円。

当時の私にとって、安くはない買い物。ガードルは肉を締め付けて痩せて見せてくれる。ブラジャーは谷間を作ってくれる。

でも「微少年」は私をどうしてくれるのか、見当が付きませんでした。

けど、きっとガードルやブラジャーとは違う次元で、私を良くしてくれるに違いない。想像もできないほど、楽しいことが待っているはず！

そう思って、再度意を決します。

ポストに投函して一週間後。段ボールに入った「微少年」と初対面を果たします。透明のプラケースをドキドキしながら開けると、ピンクの棒アイスのようなものにお顔が！

こけしのようなまっすぐ切りそろえられた髪型と、腰まで伸びた髪を束ねています。切れ長で細い目。

「可愛い」

まるで親戚のおじさんが、旅先で買ってきてくれたこけしそのものでした。

私は「微少年」としばらく見つめ合っていました。でも、使わないと始まらない。

でも、どう見ても大きい。

これは入らないのではないか…。確認のため、トイレでそっとあててみるも、やっぱり全く入らない。これは自分が成熟してないからでは…。

タンポンも入らず、痛みに耐えられなかった私は、大切な部分に当ててみるだけで、明らかに感じた違和感により、いったん諦めてしまいました。


「微少年」の本気出したところがわからないまま、部屋のオブジェ（まさにこけし！）としてしばらく置いたり、タンスの奥にしまったり。

たまに出してじっと眺めては「いつか使える日が来るのだろうか」と、ハートのエンボス柄をぽこぽこ触るだけ。

そんな日々がしばらく続きますが、少しずつ距離を縮めていけば、二人の歩幅は合ってきます。

何度か試してコツを掴んで、私は「微少年」とのラブライフを満喫できるようになりました！

やったー！　と思ったら今度は使いすぎて壊れた！

当時、恋愛経験なんてほぼなかったけれど、きっと恋もラブグッズと同じなのだ、と感じました。

大切に扱わないと、どちらかが壊れてしまう。その数年後、まさか私がバイブレーターを作る仕事に就くとは思ってもみませんでした。

でも今、バイブを生み出す中で思い出すのは、当時のムズムズとした感情や、ソワソワとした気持ち。距離を縮めながらも故障したり、課題にぶち当たったり。初めてのバイブ体験というのは、まるで人生のように、困難や課題があるのは当然だよ、と当時の自分に言ってあげたい。

たかがバイブ、されどバイブ。

私にも、初バイブレーターのストーリーがあるように、みんな、使う人にしかわからないストーリーがあることを、私は知っています。

あの頃のドキドキを忘れないよう、もっと何か素敵なコトができないか？　予想外に喜ばせることはできないか？　と頭フル回転で、進めていく次第なのです。

未来のデンマ

みなさま
おなじみの電マ
(電動マッサージ器)
30cm
ものさしより長い
80年代から
ビデオ作品に使われ
映像分野では
いちジャンル
となった今。
最近ではサイズが
どんどん
小さくなって
500
キーホルダーに!
(これは本当)
そのうちピアスとか
アクセサリーになって
小型化され
スタイリッシュになり
そのうち
おしゃれアイテム
として認められる
かもしれません。
ハナピアス
デンマ
振動したかも
わかんないし
すでに本来の目的では
なくなってるけどね。

見えた！2つの神の数字

17センチ、3センチ

17センチ、3センチ。

これは、私がラブグッズ開発に携わることになってから、基準にしている数字です。

・17センチ：長さ。長のサイズはこの前後に決めている。

▼理由：男性器の勃起時の平均サイズが、11から13センチくらいだと言われているため。そこに持ち手（電池ボックスの部分）の6から4センチを追加する想定。

※身近なもので17センチのもの…500ml缶のお茶、うなぎパイ、レコードEP盤の直径

・3センチ：太さ。特にバイブレーターの直径に使用。

▼理由：膣のサイズの平均。受け入れるときはこのくらいだと言われているため。

※身近なもので3センチのもの…500円玉の直径、ペットボトルの飲み口の直径

最近のものはもう少しコンパクトにしていますが、だいたいこの数値を頼りに、まずラフを作成します。

でもこの数字。初めは意識していませんでした。幾つか作っていくうちに「おや?」と気づいたのです。

ラブグッズを作る際、概要、企画内容をおおまかに決めてからラフを描きます。私はいつも、シャーペンか鉛筆を使用しています。

決まった型や図面はないので、どこにでもある真っ白いノートに線を引くことからスタートします。

ある日、いつものようにラブグッズのラフでまっすぐな線を引いていると…。

17センチ、かあ、結構長いなあ、と気づく。で、前回描いたラフを参考にすると、これもまた17センチ。さらに直径もほぼ同じ、3センチ。

「ほう、長年の研究により、キーとなる数値を導き出していたとは！　なんたること！」

そんな小さなサプライズをこっそりかみしめながら、ラフを作っていきます。

もちろん、企画内容やお悩み、用途によって細かく変えることもあります。

たとえば、初心者向けのものはマイナス0・5ミリから1センチ。上級者向けのものはプラス7ミリから1センチくらい。

ミリ単位！

意外とこういう細かい差で、当たる、当たらない、が決まってくるんです。でも、女性器ってまじで未知！　というか、千差万別。（男性器もですが）

なので「これは絶対、みんなのGスポに当たるだろう！」と思って作っても、100パーセントは上手くいったことがないのです…。

では、どうやって、当たる、当たらないを確かめているか。それはもちろん、自分で使うことでーす！！　と、言いたいところですが、私はいかんせん、アソコが弱いのです…。

1年の半分くらいは、カンジタだ、ヘルペスだ、膣炎だ…で使いものにならない。

というワケで、活躍するのがチャチャチャチャチャッチャチャー！（ネコ型ロボット風紹介）　自作の、ある装置なのです。

正解は…

それは…オナホール！

しかもハーフサイズ。キズありで売れないものを買い取るか、頂くかして、とにかく半分に切ったオナホールです。

しかも一種類ではなく何種類か常備。そのハーフホールに試作のラブグッズを使用していきます。

そういえば会社時代。デスクの一番下の引き出しを、オリジナルハーフホール保管庫にしていました。（いつでもどんなときでも、サッと取り出して使えるようにね♪）

この方法も、自力で編み出しました。

自分の膣は基準にならないし、どうすれば、複数の膣内イメージで試運転できるか…。そこで試しに半分に切っていない通常のオナホールで使用したところ「これはイケる！」と察知。

キズあり商品を自分で購入して、切ってみたら、まあすごい！　断面でわかるので、私にはこの方法が合っていました。もちろん、モニターの方に依頼する方法もありますが、そのときの状況や体の状態で、複数人に依頼できないときもあります。

そのため、このハーフホールを複数用意して試運転する独自のやり方は、画期的でした。朝7時に出社して、メールチェックして8時からホールチェックやって…といつでも何時でもできるかんね！

ぜひ、みなさんもラブグッズを作る機会がありましたら、取り入れてみてください！

そして、この地味で不思議な作業が、全国の快楽を変えている！レベルを上げているのだ！　と優越感に浸ってみてくださいね！

とある1日

とある会社員タカコさん
メールチェック
私
試作バイブホールチェック
ムム ちょいキツいって
ハーフ
ホール
採用面談
女優さん面談
あ、着ててイイですよ
資料作り
ハイ
作詞
ランチ
カレー試食
うま〜

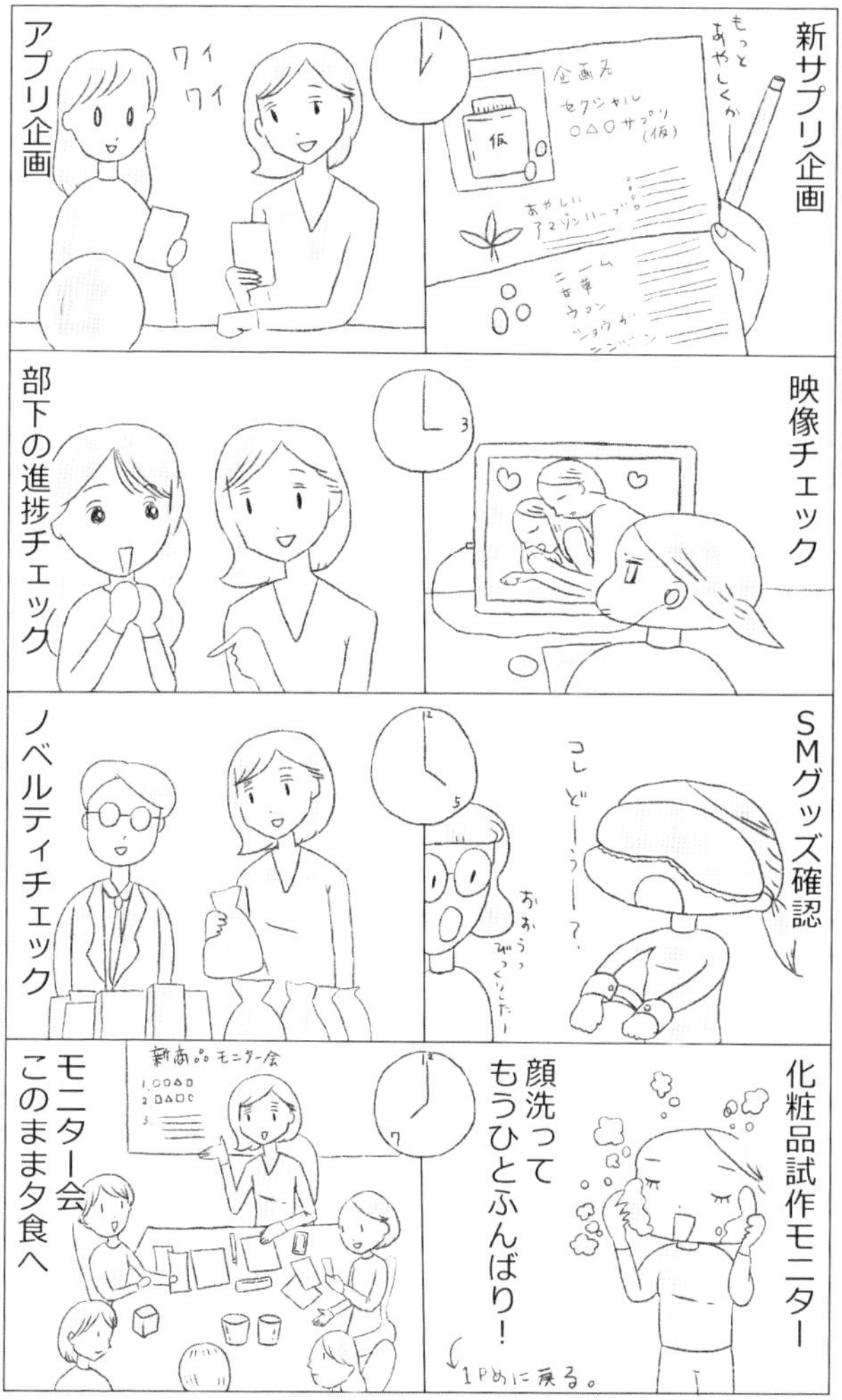
新サプリ企画
もっとあやしくか
企画名
セクシャル
○△○サプリ
（仮）
仮
あやしい
アマゾンハーブ
ニーム
甘草
ウコン
ショウガ
アプリ企画
ワイワイ
映像チェック
部下の進捗チェック
SMグッズ確認
コレどーう？
おおうっ
びっくりしたー
ノベルティチェック
化粧品試作モニター
顔洗って
もうひとふんばり！
1Pめに戻る。
モニター会
このまま夕食へ
新商品モニター会

私って何屋？結局何がしたいの？

何者？

ここまでバイブやローターなど、ラブグッズのお仕事の話や、生み出す際の想いを書いてきました。

でも、私、ラブグッズだけ作っている人ではないんですよ。女子の体、恋、セクシャルな悩みを解決するためなら、何でもやってきました。

ただ、仕事中ひと息付いたときに「私、何屋だ？」と思うことが多々ありました。

たとえば、こんな日。

〜ある日のスケジュール〜

・AM7時30分↓メールチェック、社内連絡の確認
・AM8時↓DVDの映像校正（男女絡みあり）
・AM9時↓打ち合わせ（薬膳カレーの試食）、料理家の方と精力料理レシピ確認

・AM11時→商品（化粧品、雑貨）の新商品依頼、企画書作成
・PM12時→膣トレ動画の撮影（社内）
・PM14時→バイブの試作品チェックとその打ち合わせ
・PM15時→新商品（化粧品）の試作チェック、商品テキスト作成
・PM16時→社内MTG
・PM17時30分→製造会社様にてローション風呂の実験
・PM19時→帰社、メールチェック
・PM20時→次の新作DVDの脚本作成、DVD関連の資料チェック
・PM23時→帰宅

そういえば、朝5時前に起きて1時間走ってから会社に行っていたときもありました。大変そうに見えますが、実際フロー状態（ゾーン的な？）に入っているから本人はこれが普通です。もちろん、あらゆる課題も発生しますが、それ以上に楽しいことや面白いことがウヨウヨしていたので、毎日そのサイクルで過ごしていました。多岐に渡りまくってきた中で、何気なくしたことが、実は夢を叶えていた？　的なこともあります。

それが、映像（ＤＶＤ）製作（制作）のお仕事。※製作→お金を出す側、制作→作る側

新作ＤＶＤを制作する際、なんと！　監督の費用が５０万円！　想定以上に高額でした。製作側として費用は少しでも削減したい…。撮影日は迫っています。今日中に返事をしないと、監督をおさえることも、撮影スタッフをおさえることも難しい。そこで自分を奮い立たせました。


「お前がやればこの５０万円を使って、他のことができる」

「出演者の衣装やスタイリスト、スタジオ代に充てられるかもしれないぞ」

「でもやっぱりプロの方に依頼しないと、おかしくなるのでは？」

「お前では不足があるだろう」

私の頭で天使と悪魔がグルグル。もはやどれが天使でどれを悪魔が言っている内容かわからないほど…。


いや、待てよ。

学生時代は映画サークル入っていたし、社会人になっても自主映画会にちょっとだけ参

加していたしさ。絵コンテを描いたり、8ミリで変な映像撮ったりしてゲラゲラ笑っていたこともあったじゃん！

監督業なんて夢だよ、あんた！！

やるなら今しかねえ！（心の中の剛が叫ぶ！）

「監督は、今回、私がやります！」

言ってしまった。

この作品を作るときは、スタイリストさん、衣装さんもなし。

役者さんの身の周りをケアするのはメイクさんだけ。下着や衣装はほぼ自分で買い物に行き、ケイタリングは途中、見学に来てくれるスタッフに頼みました。

そういえば、同じチームのスタッフたちがスタジオ入った瞬間、私が大声で「よーいスタート！」とか言ってて「びっくりしました驚きました」「何やってんすか！」とか言われたなあ。いきなり監督やってて、変だっただろうな…。

そんなこんなで撮影は進みました。

監督はどこの馬の骨かわからない私。カメラマンさんや編集の方の手厚いサポートと、出演者の方の素晴らしい動きで、3日間の撮影は無事終了。毎日早朝から深夜まで、よくがんばりました〜！

最終的には大声はり上げすぎて、声が出なくなったけど、達成感に包まれていました。現場の皆さんも協力してくれてうれしかったです！　さらにうれしかったのが、ＤＶＤを観た方の感想でした。

「良かった」「楽しく学べた！」という声もたくさん頂く中「あの下着はどこのメーカー？」「衣装が可愛かった」など。自力で買いに行って良かったぜ！　当時３０代でしたが、中年女のセンスでもマルを貰えるのは、ありがたいぜ！　としみじみ思っていました。何屋かわからない分、喜びも多岐に渡ります。うれしや～。

凝りたくなるバイブの装飾

メイクや料理と同じで…

料理やメイク、洋服に興味がわくと、凝りたくなることってありませんか？　飾り切りを習得してみたり、着こなし方を変えてみたり。

それ、バイブレーターやローターなどのラブグッズ開発も同じなんです。シンプルなものばかりを生み出していると、凝りたくなる。で、装飾や機能に走るんです。

●凝った例

1．クリバイブを二つ付けてみる
2．いつもは飾らない先端部分に突起を付けてみる
3．本体真ん中部分にひっかかりを三つ付けてみる
4．モーターを二つ付けてみる
5．振動を増やしてみる　など…

一般的に、バイブレーターとローターの違いは、機能で分けます。

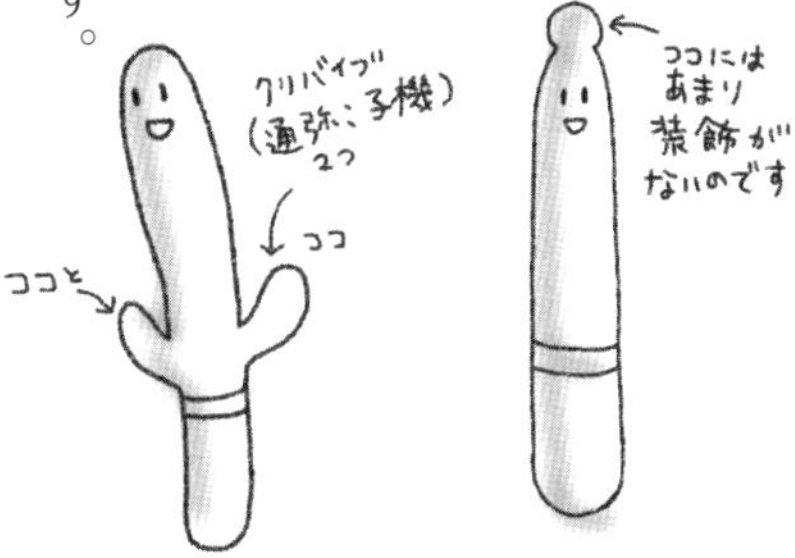

・バイブレーター：振動×スイング（回転）×子機あり、形はストレート型や曲線など
・ローター：振動のみ、形は丸や円柱が多い

基本的に、バイブレーターには振動モーターとスイング機能が搭載されていて、振動の

スイッチ、スイングのスイッチをそれぞれ入れて動く設計になっています。また、挿入を目的に作られているものが多いです。

ローターは、振動モーターだけが搭載されています。スイングはなく、ただ震えます。結構シンプルな設計なので、凝ろうと思っても機能を入れる場所がない…。機能を増やしたい！　追加しようとすると、電池ボックスやモーター搭載部分がふくらんで、そこだけ太って不格好になってしまう。

「もっと機能や装飾がたくさんあったほうが、得られる快感も多いはず」

そう思って、先ほどの「●凝った例」で紹介した機能を追加してみました。ですが…

使ってみても、意外と違いがわからない。

という結果でした。モニターテストなども実施したのですが、いざ使用すると細かい突起や引っかかりは、よくわからん。なんとなく「今まで触れたことのないものが当たっている？」と感じる方もいました。やっぱり、シンプルイズベスト。これに尽きます。

そう思って、企画、開発を続けると逆にシンプルすぎて似てきてしまう…。

そこで、シンプルな中にもちょっとした工夫をし、細かい部分を変えて、新しいものを生み出しています。

たとえば、サイズを少し変えるとか、持ち手の形状、長さを変えるとか、子機の突起の形を変えるとか。

もしかしたら気づいてもらえないかもしれないけど、気づいてくれたらうれしい。

ぜひ使い比べて頂けたら、快感も増えますし、お得ですよ〜！

ピンクのローターは売れるけど、あの色は…

ピンクローターはピンクではなかった

「ピンクローター」をご存じですか？

ローター界では、もはや一つのジャンルとして成立している小さくて可愛いアレ、です。

実は「ピンクローター」ってもともと白だったのです。

へー！（エロ雑学！　ぜひ合コンや飲み会で使ってネ！）どこがどうなって、ピンクが主流になったのかはわかりません。でも気づいたらずっと「ピンクローター」はピンクでした。

２００円代から買えるものもあれば、１０００円代で振動タイプが複数搭載されているものまで。とにかく、初心者の方から上級者まで、幅広く楽しめるラブグッズ。で、やっぱり人気なんですよ。ロングランで！

化粧品や雑貨を買っている方が、送料合わせやラブグッズデビューとして購入されることも多い。「ピンクローター」がこんなに人気なら、と色違いを作って売ったことがありました。

スカイブルー、淡い緑、オレンジ、黄色。どの色が売れて、どれが残ったと思いますか？

売れ残ったのは…

正解は…黄色。

黄色以外は順調に売れました。

黄色、と聞いて「あー、やっぱりね」と思った方もいるはず。

黄色って前向きなイメージばかりだと思っていたのですが、売れる、売れないで言うと後者でした。なんとなく「いい人どまり」なイメージ。しかも、黄色というと、昔の戦隊モノではいつもひょうきん者か大食いキャラ。明るいけれど、かっこいいのか可愛いのかハッキリしないから、選ばれないのかなあ…。売れないのだから、作らなければいい。

そう思うこともあったけど、どこか気になる。他人ごとではない気がして、黄色いラブグッズをまた作ってみたくなるんです。

自分に似ているからかもしれないなあ。「いいんだけど」選ばれない。

たとえば私の日常生活で

- **お金持っているのに店員さんから絶対声かけられない**
- **やわらかい雰囲気を出したつもりでも「ハンニャみたいですね」と言われ恐れられる**
- **デート中、勝負下着を身に着けているが午後8時には帰される**

こっちはウェルカム！　なのに、選ばれないし、差し戻される。

黄色いラブグッズのことを考えていると、ふとある過去の実体験を思い出しました。

学生時代のあの体験

学生時代、あるバンドのおっかけをしていた頃。

目が合ったファン全員とおヤリになる有名な方がいました。で、私、処女喪失を急いでいたため、とにかくその人にしてもらおう、とあらゆる作戦に出ました。

たとえば、毎回ビールを差し入れたり、最近起きたまだ誰にも喋っていないおもしろエピソードをその人にだけ披露したり。

マネージャーさんにもまあ「この地域にきたらこの娘あり」と言われるくらいの地位まで昇り詰めたんですよ。

でも、待てど暮らせど夜のお呼びがかからない。友達はほとんど、経験済なのに…。で、周りを見渡してみると、食べられてなかった女子がもう一人いた！　私と仲良しの友達。二人ともどことなく漫画の世界から飛び出したみたいな見た目。

私はパッツン前髪&髪も服も黒ずくめぽっちゃり。友達は小さめのアフロ&映画の衣装さながらの50's スタイルぷっくり。


そうか、私は学生時代から黄色ローターだったのか。

面白そうだけど、選ばれない。

モテとか夜の営みには、面白いとか珍しいなんて要素はいらなかったんですね…。

うすうす勘づいていたけど、改めて気づいた。さらに、誰でもいい、ってのは大間違いで、やっぱり選んでるんですね。一回でいいから選ばれたかったけど、今思えばやられたガールズの仲間に入るのもなあ…。売れ残りの黄色ローターも自分なりに、考えはあるのです。

特殊能力

この仕事をしていると
3か月くらいで
目に見えるものほとんどが
バイブやローターなどのラブグッズに見えてきます
ERO
エロフィルター——エロフィルター——エロフィルタ
野菜とか
フルーツはもちろん
地図までも

中でもホームセンターはアイデアの宝庫。
ホームセンター
AIN HOME
KOGU
SOJi
Ryori
himo
ワクワク
こういうのまじでヒントになるーー！
イイ！キューン!!
フック
風呂栓
イイかも
あと文房具
イイ♡キュン！
修正テープサイコー
子供のおもちゃも！
水中モーター！コーフンしてハナヂが!!
カタカタ
構造がすぐにわかる！
DATA
腹部：モーター○型
電力：○△ボルト
DATA
仕様：乾電池
単四２本
それだけ真剣ってことです！

バイブを開発してると世界が変わる⁉

知らない間にある能力が…

バイブレーターやローターなど、ラブグッズを作っていると、早い人で3か月、遅い人でも1年くらいで、ある特殊能力が身に付きます。

作ってなくても、関わるだけで自然と身に付く！


それは「何でもラブグッズに見える能力」。


ある意味特殊能力！

はじめのうちは、おしゃれな文具とかキッチン用品をヒントに、コンパクトなサイズとか今までにない形を作り出していました。

で、知らない間にこの「見える能力」が研ぎ澄まされてくるんですよ。

たとえば、もう目に映るもの全部がバイブ、ローターに見える。もはや、それにしか見えない！　あ、でも心配しないでください。芸能人のオーラのように、不要なときにはこのスイッチ消せますから。ただ「見える能力」が自分の体内に追加された初期の頃は、大変でした。

そう！　生活の全部がラブグッズに囲まれているように見える！

パソコン、マウス、電気スタンド、こたつ、定規、分度器、コンパス、泡立て器まで！　特にホームセンターに行ったときは興奮しすぎて、気づいたら1時間以上うろついていたこともあります。シャワーヘッド、ホース、風呂の栓、風呂洗うスポンジ、風呂洗うハンディタイプの棒状のスポンジ…。（風呂洗うの多すぎ！）

さらに風呂の栓を見て、シルバーアクセサリー感覚で、ソフトSMグッズの首輪ができるのでは？　そう思って、サンプルで垂らしている風呂の栓を首にそっとかけてみる…。

このとき、これはもう、SM業界もスタイリッシュにさせるに違いない！　早くしないと！　と思い、首にかけた一番短いサイズの風呂の栓を購入して企画したこともありました。

結果、海外になんと似たようなものがありました！　チーン…。やっぱ海外のグッズデザイナーも風呂の栓をヒントにしたのね、やられた！　そんなこんなで、楽しくてちょっと厄介な能力を身に付け、毎日アイデア出して、企画にして…を続けていた頃。ホース状のラブグッズやシャワーヘッド仕様のローターを企画して、熱くプレゼンしたのですが、全て却下。

ああ、特殊能力を見に付けても、すべては形にならないなあ…もっと鍛錬しなくては。そう思っていた私の目の前に、まるでキラ星のようにキラーン！と光るある食品が！盲点でした。

それは…

ズバリ、きのこ！

もはや「そのまま！」と思う方もいらっしゃるかもしれません。でもね、これ盲点でした。きのこでも色々あるじゃないですか。

しいたけ、しめじ、まいたけ、アミガサだけ、などなど。きのこのシリーズを作ったら、可愛いし、インテリアっぽいし、実用的だし！　で絶対ブームが来るはず。

そう思って、いつものごとく調査をしました。

そうしたら、数種類はきのこっぽい形のものや、名前が○○マッシュルーム的なものはありました。

でも、まるでこだわりの作家さんが作ったような、どこかあたたかくて癒される…そんなきのこ型ラブグッズはまだなし！

これはチャンス！　と思い企画を出したのですが、自然消滅になってしまいました…。

でも、本当に素敵だと思いません？　このアイデア。

今また思い出したので、またラフ描いて提出してみようかな…。

もしかしたら、今、この本を読んでいる皆さんも、読み終わったらこの能力、身に付いているかもしれませんよ！

もし、いい案が浮かんだら、ぜひ教えてください！　お待ちしていまーす！

女子を本気で喜ばせたこと、ありますか？

この想い、本気（マジ）です！

ラブグッズを作り続けて、売り続けてきた私の人生。

「もはや、そのへんの男性より、女子を濡らして喜ばせているのではなかろうか…」

一時期、本気でこう思っていました。

（もちろん、私自身ではなく、私が手掛けたバイブレーターやローターやソフトＳＭグッズやエッチな下着が、なのですが。）

そして、誰かと話したり、打ち合わせをしたりするときも頭の中では「この人より私のほうが…」と思ったり、街でカップルとすれ違ったときは「あの彼氏とは違う手段で、私もあの娘を濡らしている」「私の手掛けたバイブレーターで素敵な時間を過ごせているはず」と、もはや脳内超ウルトラスーパー変態天狗状態。

「いい加減にせえ！」と関西芸人にハリセンで思いっきりツッこまれそうなほど、調子に乗っていました。

でも、それだけ本気（マジ）なんです！

どうしたら、女子は気持ちいいと思うのか。

どこをどうすれば、このたった一つのラブグッズで「満足したー！」と、風呂上りに飲むキンキンに冷えたビールみたいに、爽快に感じてくれるのか。

毎日、こればっかり考えてました。アイデアは無数に出してきました。毎回トライ＆エラーの連続。一年に一、二回来るヒットを心の底からうれしく感じながら…。

常に頭はフル回転！

現代を生き抜く女子は、仕事も趣味も忙しい。出会いや恋愛に気合いを入れることもある。

美容や洋服にもお金かけたいし、好きな動画を見る時間も確保したい。

そんな風に、頭の中で妄想した丸の内ＯＬ貴子さんの生活を思い描きながら、先日はこんなアイデアを考えました。

もしかして…

やっぱりもう、何もしたくない！

何もせずに、まるでロボット掃除機のように、全部言うこと聞いてくれるラブグッズがあったら！

その結果、こんなアイデアになりました。

全自動ロボットバイブ　スルンバ（仮）
1．うつ伏せになる
2．体の上に乗り込みソフトな圧で肩や背中をほぐしてくれる
3．自分の声に反応するため「太もも」「アソコ」など言うと好きな部位をほぐしてくれる
4．舐め、吸い機能付き
5．温感ボタンあり（冷えているところを温めてくれる）

…会議には、もちろん出していません。なんか、もう一目見てダメなニオイがプンプ

ン…。「これ考えた人、ダメじゃん」、という…。

でも、今や、ロボットに言えば何でもやってくれる時代。ただ寝ているだけ、ボンヤリしているだけで、快楽を得られると、最高だと思いませんか？

しかし、本当にコレができたら、私の仕事がなくなるかもしれませんね。そして、ふと冷静になって気づいたのですが、これ、完全に疲れているときのアイデアだ。

女子の体を喜ばせる前に、いったん自分を休ませようと思います…。トホホ…。

ラブグッズで泣き笑い

切ない気持ちになった

誰にも言っていないのですが、仕事中ちょっと切ない気持ちになったことがありました。

誰も間違っていない、ものごとにはいろんなとらえ方があるし、当たり前なのだけど、なんとなくちょっと寂しい…。

それは、以前、何かの企画でインタビューしたときに感じました。

Q．彼とのラブタイムとバイブレーターやローターなどのラブグッズは、どんな違いがありますか？

たしか、こんな内容を複数の方に質問してみました。その結果、全体的に「全然違う」「別モノ」という回答がほとんどでした。その中で…

〈結果〉

●彼とのラブタイム、の回答

・愛の確認

・心も満たされる特別な行為

・ぬくもりを感じて満足する

●ラブグッズ

・性の処理

・消化

・性欲を埋めるために使う

もちろん、全部間違ってないんです。合っています。でも、なんかちょっと切なかったなあ。

なんとなく「あなたがやっていることは、ただ欲望を埋めるだけの道具作りよ！」と言われているような…。個人的には「友達」とか「相棒」と思ってほしかったなと。でもそれってエゴですよね。

「気持ちよくなりたい」「感じたい」と思う願望を満たすグッズでしかないもの。確かに、大切な恋人との愛の時間には、かなわないと思います。でも、全く違うけれど、ゴールは同じというか…。もう少しハッピーなイメージが出ないかな、と思っていました。

本気で感動したこと

切ない気持ちになったときとは逆に、本気で感動したこともありました。


もう10年以上前のこと。

わりと高齢の方から、お手紙を頂きました。

それは、Ａ４のクリアファイルがバインダーみたいなになったものに、手書きの企画書と写真が何枚もはさみこまれていました。

書き出しには、「いつも、私たちが生み出すラブグッズやラブローションを楽しみにしている」とありました。

さらに、ご自身にはＳＭの趣味があること。私たちが生み出した、あるラブローションがご自身お手製の細い木のムチと相性がいい。だから、木のムチのような細い軽いＳＭグッズを作ってほしい！と。

これはうれしかったです。

ただ、私たちのメーカーはＳＭグッズに特化していなかったことと、ムチを作るにはそれなりのロットが必要だったのです。

結果的に商品化は難しかったのですが、本気の想いが伝わってきました。

もし、このときムチができていて、この方が買ってくれたとしても、その後、使い終わって飽きると廃棄されるかもしれません。

でも、いい。それでもいいか、と今は思えるなあ。

切なくなったり、熱くなったり。

ラブグッズ開発にも涙、笑い、感動があります。

どんな仕事でも同じかもしれないけど、性的なことって秘密めいているからなのか、ちょっとグッときたんです。

この本でうれしかった気持ちを皆さんにおすそ分けできたら…。

旅立ち

新作入荷
じーっ
これから行くのね。
それぞれに命名。
リエ
アキ
マイコ
ユマ
ミア
レイコ
ナナ
娘たちよ
はばたいて!!
何やってんだ?

第2章

性・恋・体

女子の夜の向上心

えぐいほど…

体、セクシャル、恋の悩みに長年関わってきた中で、女子について「私、これは断言できる！」というものが一つあります。

それは「女子の夜の向上心のすごさ」。

恋をしたら「好きな人にもっと可愛いと思われたい！」「愛されたい」と思うのは当たり前のこと。どうすればもっと可愛いと思われるか、自分に合うメイクを練習したり、今以上可愛く色っぽく見える洋服はどんなものか調べたり。自分も彼もうれしくなるために、貪欲に自分を磨いていきます。

これは、恋する女子の夜の生活も同じ！　いやもっとすごいかもしれない、向上心が！　香りで色っぽさを出すとか、キステクを上げたい、というのは可愛いもので、私が「すごいな」と思うのは、彼へのハンドマッサージのテクやオーラルテクを（技術的に）上げたい！　と思っているところです。

それは当たり前のことかもしれないのですが、ハンドテクやラブテクに賭ける一生懸命さがすごい。これこそ好きな人への愛情が女子を動かす「恋のチカラ」かもしれません。

でも私は、なんだかもっと濃厚で「この男を絶対に、私から離れられなくしてやる！」「他の女になびかないほど、虜にしてみせる」という執念のようなものにつながっている気がします。

なぜかと言うと、女性はやはり子宮があるからですかねえ。より良い遺伝子を残したい！　という想いのスタートとして「ラブテクを磨きたい」「上手になりたい」という夜の向上心があるような…。

夜のテクを磨くために、コラムや動画で技を習得。実際、バイブレーターを使って、練習する人も多いようです。

そんなけなげで一生懸命な努力があってこそ、今の性行為で「気持ちいい」と感じられるのかもしれません。

もし私が男性で、自分の彼女がそんな努力をしている！　と知ったら、偉大な存在に思えてきて、毎日美味しいものをご馳走して、ははあ！　とひれ伏したくなります。

向上心と一緒に

男性視点から見ると、見かけも自分好みで、プラス、キスや夜のテクも自分好みだったら…虜になることを通りこして「どこで勉強してきたの？」と言われてしまう女子もいるようです。

でも結局「俺のために」「けなげで可愛い！」と思われることのほうが多いみたいなので、〝夜のテク向上〟はやらないよりやったほうが確実に株は上がります。

好きなことや自分がキレイになれることで理想に近づける！　となると、女子は頑張れると思う。

一方で私は、苦手なことや本当にやりたくないことは、そこまで磨かなくていいのではないか、とも思うんですよ。

そもそも苦手だから、スタートがマイナス。そこから踏ん張れる人とそうでない人はいると思うので、無理せず、「コレ！」と思ったことだけ向上するようテクを磨けば、ハッピーだと思います。

たとえば、彼に言われた、とかで「オーラルが絶対上手くなりたい！」という想いがある一方で「本当はすごく苦手」な自分がいる。

でも彼には言えない。

これ、よくあります。オーラルあるあるです。もちろん、自分で鍛錬して技を磨きあげるのも大事。

でも、本当はすごく苦手、なのでね。やみくもに頑張るのではなく、まずはお金と時間がかからない方法を試すことを、私はオススメします。

そう！それは！

「彼に聞いてみよう」

恥じらいを持って可愛らしく「どこが気持ちいい？」って聞いてみる。これで大丈夫、たぶん。

コツをつかめばあとはこっちのもの！

（なんか、ちゃんとした意見になってしまってますね…。ヒトとしてのコミュニケーション術みたい。）

自分がこうしたい！　という向上心は本当に素晴らしいけれど、無理をする必要はなくて。相手がどうしてほしいのか、聞いてみると、テクとコミュニケーションが一緒に磨かれそう！

ああ、私がもっと若いときに知りたかったなあ。このアドバイス。…って、年を重ねたからこそ、わかったことなのかもしれないですね。
亀の甲より年の劫。
うん、そう思おう。

処女喪失は男性器でないとダメ？

処女を失うときに

処女喪失のとき、痛く、辛い想いをしている人が結構います。一方で、痛みや辛さ、出血も何もなく終える人もいます。

ラブグッズを作っていると
「処女ですがバイブレーターを使ってもいいの？」
という問いあわせを受けることが本当に多いのです。一人、二人ではなく、本当にたくさんの方から頂きます！
バイブレーターを使ったことがないけれど、きっと良さそうだ、気持ちいいものだろう…ということは頭ではわかるので、そりゃ、使ってみたい。でも、経験がない、慣れていないから入らない？　痛い？　と考えると、大丈夫かなあ、と不安に思うのは当然のこと。

でも「使いたい！」という方に「ダメ！」ということはないし、男性経験の有無＝有なら使用可能、無なら使用不可、というルールも一切ありません。

そのような方には基本的に、ローションを塗ったり、小さめのローターで慣らしたりしながら試してください、と案内してきました。

とにかく「処女だけどコレは大丈夫？」「処女だけどコレしていいの？」と「処女」というラベルがあるから、セクシャルなシーンで心配ごとが増えていることは事実。

で、そんな質問を毎回受けていると、私の中でフツフツとこんな疑問が生まれてきました。

「処女喪失って男性器でないとダメ？」

そう！

あなたは、どう思いますか？

役立たせてほしい

たとえば、処女喪失をサポートするローターとかバイブを作るってどうなんでしょうかね？

これをこうして、ボタンを押して、こう動かせば、もう面倒な「処女」というラベルは無くなりますよ、という。

私はそれ、すごくラクだと思います。

私も長年、処女と格闘してきた一人。

さらに、恋愛や恋人に関するかたよった意見を持ち続けて、モヤモヤしていたし。

「バイブで処女を喪失するなんて」と、むなしく思う人もいるのかなあ。

やっぱり、自分の大切な人と体を重ねることは、精神的にも満たされる。

バイブやローターで、便秘のときの浣腸みたいにハイ、プスッ、完了ーなんて、味気ないのでしょうか。

今や、30歳過ぎて処女、童貞だと妖精や魔法使いになれる時代。もはや、将来的には処女だ、童貞だ、というのは気にしなくなるのでしょうか。

でもたとえば、自分と同年代の友達が、生まれてから今まで処女であることに悩んでいたとします。

で、私はラブグッズ職人でもあるため、その子に合った、自分が作ったバイブやローターをプレゼントします。

その子はとにかく「処女喪失したい派」で、別に男性器にはこだわらない。

開封して使うのだけど、使い方や入れ方がわからなくて上手くいかない。

そんなとき、私だったら、どうするか？


その子がＯＫなら、手伝って手を貸したいと思う。エゴかもしれないけど、その子が長年悩んできた「処女」というラベルを今すぐ外したいのなら、自分と、自分が手掛けたもので役立たせてほしい。バイブでもローターでも使って、非処女に変えてあげたい。

でも、結局ラブグッズを使ったことで非処女にはなれないのだろうか…。

難しい。

そして、その判断基準は誰が決めるのか？

謎すぎる。

処女問題って根深くて奥深い。

悩むことも人生だけど、かなりデリケートな問題なので、手伝うよりも、私からそっと元払い伝票で送って、さり気なくプレゼントしたほうがいいのだろうか。

コレ私が作ったよ、というチラシも添えて。（結局、売り込みかい！）

処女が面倒くさい

「処女」に振り回されてないか？

「処女が面倒くさい」

生まれたときから「処女」だということに、10代くらいでふと気づく。

「早く処女を失くしたい」

私も長い間、その気持ちに振り回されてきました。

学生時代に、恋愛話ばかりしている女子に対して「ほかにやることないのか」と思いながら、自分はただただ変な漫画ばかり描いていました。

でも耳はアフリカゾウ並みに広がります…。経験済の女子同士の会話は聞き逃すものか！

「慣れない体位で腰痛い」「彼の動きがすごかった」という未知の発言だけで、脳みそがパンパンに膨らむほど、自分史上最大のエロい想像をしていました。

そしてなぜか、彼女たちがリップを塗ったり、髪をとかしたりするだけで「ああ、経験済みの子は選ぶ色が違うな」「髪のとかし方も貫禄あるな」などと、自分で勝手な妄想にふけっていました。

10代の頃の「処女・非処女マウント」を今考えてみると、振り回されすぎではないか？と思うのです。

私が人の目をかなり気にして生きてきたからなのか、気にしすぎなのか？　はさておき、だから何だ！　と考えることができれば、もっとラクに生きてこれたと思うのです…。

脱処女のチャンス

そんな悶々としていた10代の私に、1度だけチャンスがありました。

なんと、ヤッてくれる、という隣町の同い年の男子を紹介されたのです。

彼は筋金入りのヤンキー。

10代でしたがプロレスラー並みの体格で、おでこにはそりこみ、左右の耳には連なるピアス。

その子は「自称誰とでもデキる」「誰でもヤレる」と豪語して、何人もの女子と関係を持ってきた、と言ってきました。

処女もたくさんヤった！　泣く子（処女）もヤレる、緑町の通称ギンちゃんという男子でした。

私は知り合いから「この人誰とでもヤレるよ。悩んでるならヤッてもらったら？」と言われたのです
田舎のいも娘（私）にとっては願ってもないチャンス。私はすぐさま「ハイ！　喜んで」

即決でした。

しかし、次の瞬間、断られました。

理由は忘れたのですが、先方からの同意得られず。捺印もらえず、一戦もしていないのに相手からの辞退です。

そのときは、とにかく、北は北海道から南は沖縄まで！　老若女問わず！　全員まとめてかかってこいやー！　の性行為大好きヤンキーのトップから断れた、というのがね。

不思議で仕方ありませんでした。

私の何がいけないのか？　意味がわかりません。

そして、ショックでした。

でも冷静に考えると、周りの言っていた情報の半分ほどはウソ。〝みんな〟とヤッている！　そのみんなは、せいぜい三人くらいかもしれません。

自分を大きく見せるために、変な情報を流したのかもしれないし…。

しかし、断られたのは私。

やっぱり先方にも選ぶ権利あるよねー、じゃがいもに黒髪ロングのかつらかぶせたみたいな女子は、ダメよねー、と反省しながら、家路に着いた記憶があります。

けど、あのとき「処女」を失くしていたら、どうしても処女を失くしたいという気持ちに、振り回されることはなくなったのだろうか。それで良かったのか？

ヤッたらヤッたで、私のことだから、モヤモヤと面倒なことを考えていそうです。

ああ、だからやっぱり「処女」って面倒。

でも「処女」を失くしてくれる人が一瞬だけ、目の前に現れたのは事実。

それが白馬に乗った王子様だったら、すぐに馬に乗っていたのか。

そういえば、道路交通法で馬は軽車両。馬に乗った王子が歩道にあらわれたら、ひとまず車道に出るよう、王子を注意せねば…。

しょっちゃん

生まれたときに
矢島《やじま》 奏《かなで》 0歳
しょっちゃんも生まれる。
よろしく
処女のしょっちゃん
女の人の大切なところでひっそり暮らしている。
たまに見える
小二のときあそこがかゆくて鏡を見たらいた！
ちら
ギャッ！
何今の!?
お゛が゛ーざん!!
何かへんなのいた！
あら！

先生は気づかなかった。
かゆみ止め出しておきますね
アレは一体何だったんだろう。
本トに見たのに!
五年後
これが生理かー
中ー
げー
血だらけ

ギャッ
何？だ、誰？
私、しょっちゃん。
え！
拭いて
あんたの処女よ。
うわー
帰る。
ひゅん
どこかで
会ったっけ？
リカち、処女って見たことある？
見たことはないけど…
えーカナデちゃん見たのーー？
見てないよー
アハハ
見えたらすごくなーい！

卒業
受験
リカちも ついにー
こちら、服部君
奏《かなで》 二十歳
彼氏かー いいなあ。
うーーん
今度、男の子紹介するよー。実は服部くん
友達でいい
よ!!
かしこそうな人だったーー!!! イーナーー!!!
おめでとう
そーなの 向こうから♡
一ヶ月後
久しぶり!
服部君の友達
東條です
ポー
は、鼻血!

三ヶ月後
久しぶりにゆっくり話すね。
カナデちゃん東條君と会ってる？
あのあと何回かやり取りして進展なしー
えー、そうなの？あ、ちょっとトイレ行ってくる。
ガタ
はっ
あたしはショーコこの娘の処女よ。
リカちにもいるんだ。なんか安心したー。
ズー

二年後
就職した。
○△プランニング(株)
ごめーん!急な会議入ったわ!
矢島さん、次の打ち合わせ一人でお願い!
は、はい!
○△プランニングの矢島です。
あれ?
!
矢島奏さん?
僕、東條です。
あの倉持リカさんからの…
東條 涼…?
I・B・A
東條 涼
RYO TOJO
東條、くん
キラーン!

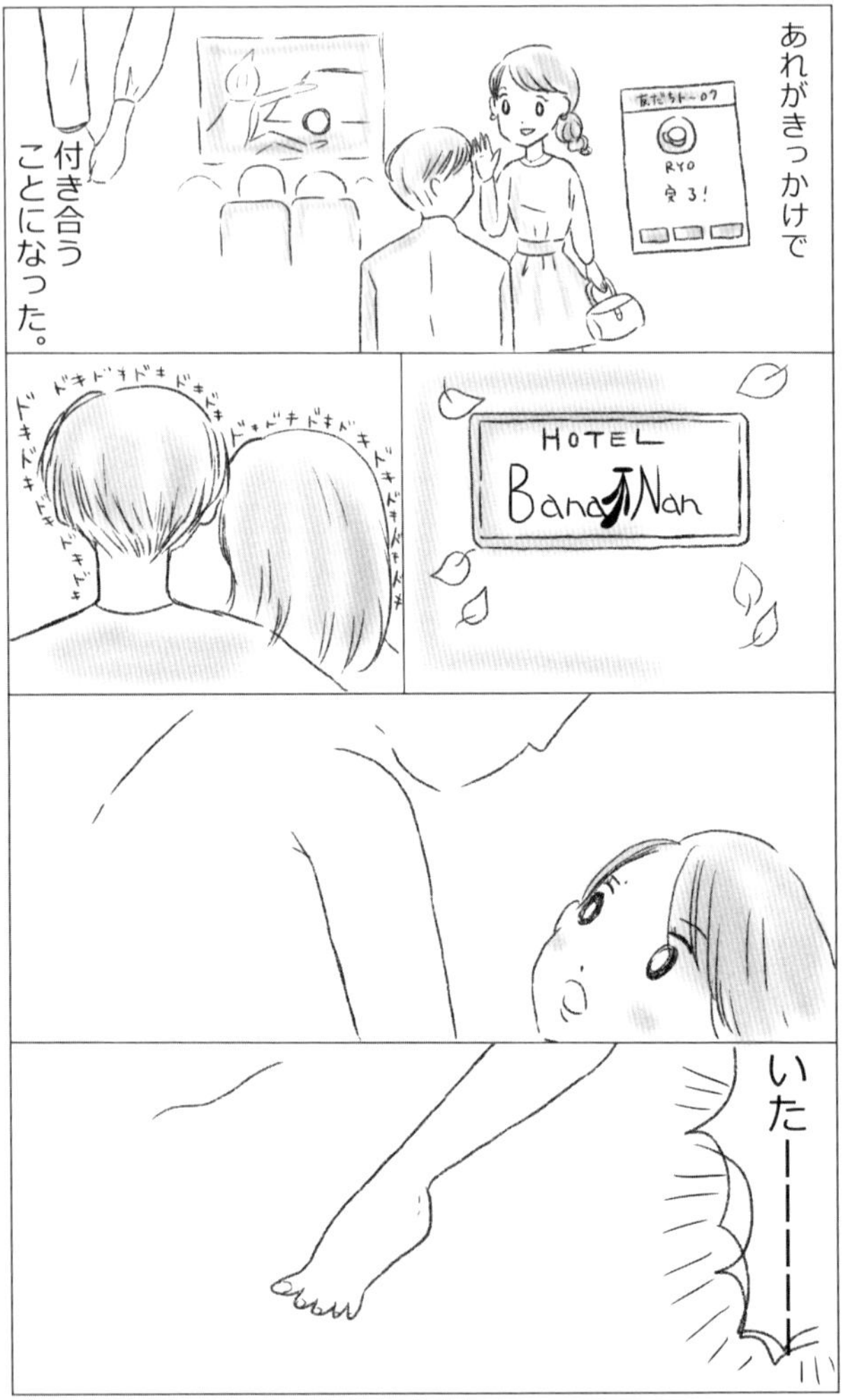
あれがきっかけで
付き合う
ことになった。
HOTEL
いたーーー

今日はもう
寝よ。
私こそ、ごめん。
モゾモゾ
スー
無理しないで。

あれから何度目か
やっとできた。
シャワー行ってくる
ザー
ズボン
しょっちゃん!
しゅたっ

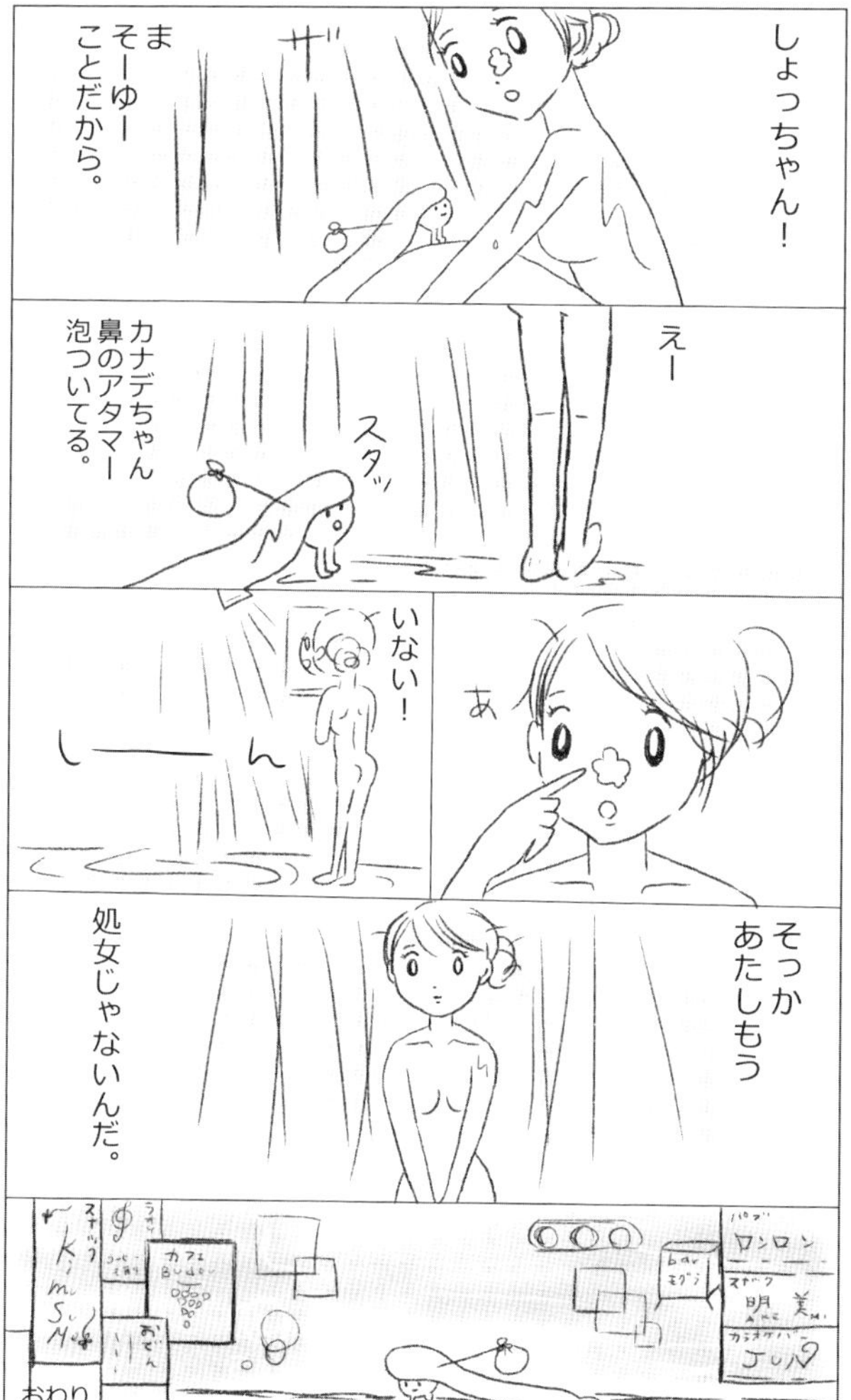
しょっちゃん!
ザー
ま
そーゆー
ことだから。
えー
スタッ
カナデちゃん
鼻のアタマー
泡ついてる。
あ
いない!
し——ん
そっか
あたしもう
処女じゃないんだ。
ロンロン
明美
JUN
おわり

恋をしたらキレイになるが…

恋をしたらキレイになる？

「恋をしたらキレイになる」

よく聞く言葉ですよね。

あなたはどっちですか？

なる派？

ならない派？

私は断然なる派！

実際に、ホルモンバランスが整って、幸せホルモンと言われるドーパミンが出るとか、恋してトキメくことで女性ホルモンが分泌されるとか言われています。恋することや恋愛って、イメージ的には前向き！

好きな人ができる↓可愛くなりたくてエステ、お手入れなど始める↓好かれる↓もっと頑張ろうと思う！　↓もっと愛される、みたいな感じ。

恋をすると行動も変わる方が多そう。

辛いことや悲しいこともあるけれど、「キラキラの循環」は、たしかにあると思います。

実際、体・恋・性の悩みに関する商品を作って売ってきて、お客様の口コミを見ていても、恋をして自信が出ている方が多くいらっしゃいます。

最終的に上手くいかなくても、自分をもっと良くしたい、自分が良くなって自分がまず喜びたい。自分が喜ぶことで、周りの人にも「うれしさ」が伝わり、前向きな結果につながるケースが多くありました。

たとえば、こんなケース。

都内に住む会社員レイ子さん。

20年間、皮膚がかゆくて体をひっかいた跡がありました。特にひざから下が酷い。彼女はそのことで長年悩み、スカートが履けずにいました。

でも、あるときキレイにお手入れできるクリームや美容液があることを知り、無事20年振りにスカートが履けました。

そのことで自信がつき、友達から誘われた飲み会に行ったり、新しい美容方法を取り入れたり。

ちょっとしたことがきっかけで、自分を喜ばせることができて、日々がハッピーになっていきました。

初対面の方との出会いを重ねていくと、自然な流れで恋につながることもあります。

どんどん増える自信。

じゃんじゃんあふれる女性ホルモン。

良かったね、レイ子さん。

…しかしこれ、増え続けてキレイになり続ければいいのですが、女性ホルモンが活性化される一方で、男性ホルモンはどこに行っているのか？

そこで私は考えました。

女性ホルモンVS男性ホルモン!?

恋＝女性ホルモン、なら仕事＝男性ホルモン、というとらえ方はどうでしょうか？

よく、恋に仕事にバランスよく！　ワークライフなんとか～とか言いますが、アレって、女性ホルモンVS男性ホルモンなのではないか？　一人の体内でそんな戦いが繰り広げられている、としたらわかりやすくないですか？

たとえばこんな感じ。

とある会社員タカ子さんの体内。

「久々に彼氏できたー！　おニューのワンピ着て～、あの香水付けて～、美容液付けて～、エステ行って～」

どんどん磨かれるタカ子さん。

10万女性ホルモン放出！！

女性ホルモンが男性ホルモンより一歩リード！

一方、500ダメージを受けた男性ホルモン、大丈夫か？　挽回の余地はあるか？

そのとき、タカ子さんに上司から急な仕事の依頼が！

「うおお！　急な依頼！　でも上司も私を頼ってくれたのだから、やります、頑張ります！　仕事、仕事じゃおらー！　資料作って、出して、修正してー！！　できるヤツと思われてるから仕事が来るんじゃー！　あれやれ、これやれ、わっしょいわっしょい！」

おおお、15万男性ホルモン放出！

仕事を頑張っている間に、タカ子さんのアゴには太いヒゲが！

さらに5万男性ホルモン増加。

得意技の男性ホルモンアタークック！

負けてないのが女性ホルモン！

仕事終わりに待っている、彼との待ち合わせ場所に行ったときに見せる、満面の笑みを、考えて練習、練習ううう！

ここで5万女性ホルモン発射ああー！！

って…タカ子さんの体内では、やれ笑顔だヒゲだ、大混乱。

これって勝負つくのか…。

でも、結局仕事は仕事。恋は恋。

バランス良くなることなんて、ない気がします。

自分でコントロールするしかないし、操作しても上手くいかないときもあります。

ただ、なぜかどんなに恋にトキメいていても、私のアゴには太いヒゲが生えてくる。

それって実は、そもそも男性ホルモンが多すぎて、9：1くらいで、どう頑張っても女性ホルモンは勝てないのかもしれない。

恋に悩むみなさま、ご安心ください。

こういう人もいますから…。

女子の色気問題その1：色気がない

色気がない

彼氏のいる、いないに関わらず、多くの女性から頂くこのお悩み。

「色気がない」

とにかく多く頂いてきました。

- 色気がない
- 色気は磨けるのか？
- 色気を上げたい
- 生まれたときからのある・なしで決まるのか？
- もっと色気があれば…

本当に多く頂くので私の中で、一つのお悩みのカテゴリとして、圧倒的な存在感を持っています。

「女子の色気問題」。

ここで、改めて、辞書を引いてみました。

• 色気…異性の心をそそる性的魅力（新明解国語辞典／三省堂）

こう書かれていました。

フェロモンも同じようなイメージを持っていますよね。

私も長年「女子の色気問題」を考え、戦ってきました。（何と！？）

その中で、自分なりに考えたことがあります。

それは…そもそも「色気」って自分が決めるものではないと思うんです。

他人が決めること。

この考え、あなたは、どう思いますか？

ケイ子さんの場合

たとえば、こういうケース。

都内在住の会社員ケイ子さん。最近「色気がないわー。色気を磨こう」と思い、メイクや髪型を変え、いつもとは違う女性らしい洋服を着たとします。

香水も濃厚なムワッとするようなものにチェンジ。この後、男性とデートに行きます。

自分では「今日の私はいつもより色気1．5倍増し！」と思っていても、相手が同じ部分でケイ子さんの「色気」を感じ取るのでしょうか？

感じ取るところは同じかもしれないけど、全く違うかもしれません。

ケイ子さんが「この洋服とこの香りで色気を上げた」と思い込んでいても、相手が、たとえばケイ子さんのその日の声とか「うん」と、さり気なくうなずいたときのしぐさとか。

そんな部分で「色気」を感じ取るのかもしれません。

「色気」を磨こうとするとき、今までの自分にちょっとした華やかさやエロティックな雰囲気を足すなど、まずはわかりやすい工夫をすれば、（パッと見は）色っぽく見えると思います。

ただ私は「色気」って人が決めることだと思うんです。だから、洋服でも香りでも、自分でこうだ！　と思ったことを取り入れながら、相手がどういう部分を「色っぽい」と思うのか？　ここを考えて挑むのもアリだと思います！

あと、たぶん手っ取り早いのが「いつもより3割、全てのことを控える」。

私、これも重要だと思います。

動く、喋る、食べる。

これをいつもより3割控えるだけで、ちょっとミステリアス感が出るんです。でも、食べることを控えるのは、ちょっと苦しいですよね。
そんなときは、帰ってから食べればいいんです。
見てないところでは、色気より食い気！　上等です。
栄養がないと、恋にも精が出ませんものね。

女子の色気問題その2：色気の出し方

なぜ色気が欲しいのか？

私の中で、長年テーマになっている「女子の色気問題」。

そもそも、なぜそこまでして「色気」が欲しいのか？　「色気」にこだわるのか？　改めて考えてみました。

- モテたい
- 性対象に見られたい
- 周りとは違うエロティックさを身に付けたい

おそらく、理由はこの3つに分けられると思います。エロティックな魅力を持つと、性対象に見られるしモテもする。

それを考えただけで「やっぱ色気っていいなあ、欲しいなあ」と思ってしまいます。ならば、もし「色気」が売られていたら買いますか？

買う！（即答）

お金で何とかなるならしたい！と思いませんか？　ここでもさらに考えました。お金で買える「色気」は、洋服、化粧品、靴など。

自分の外側に追加、修正できるもの。

いつもの自分でもいいけれど、視覚で「色気」を感じ取るものは、見た目を素早く変えてくれる。

これは手っ取り早い。

でもよく考えてみたら、身につけるものを簡単に変えるだけで、自分が納得するほどの「色気」は出るのでしょうか？（結果的には、他人が決めることですしね）

あと「色気」って年齢もある程度関係ある気がします。１０代、２０代で出るのは外側の「色気」。それも、ただそう見える程度のもの。「色気」って人生経験も関わっていると思うので、そう簡単に多数に伝わる「色気」を出すのは難しそう。

「色気」に重要な人生経験について。それは、失敗とか波乱とか薄幸みたいなことがあって、じゅわっと体の外側にしみ出す、脂身みたいなものかもしれませんね。

旨味、みたいな…。

その脂身、旨味が、他人に伝わったとき「色気」と思われれば、大成功！　だと思います。


でも、失敗や成功を経験しても、それが上手く出ないと魅力に繋がらないだろうしな。

やっぱり、出し方は難しそうだなあ。

そこで考えた、自分なりの色気に近づく究極の技。先のコラムでは3割控える、という方法も提案しましたが、今回はもはや究極の奥義！

それは、「喋らない」。

もうね、一切喋らないのはどうですか？

好意を持つ対象者や、複数から注目されたい、と思ったら
1．じっと見つめる
2．目が合うとニコッと笑う
3．うなずく
お金で買った「色気」を総動員させつつ、人に会ったら喋らない。

ギャーギャー言わない！　体を動かなさい！　自分なりの壇蜜さんを演じる！！

ただ、今までギャーギャー、わいわい、明るく楽しいお笑いキャラが急に黙りこくって静かにしていると…。

「具合わるいの？ 大丈夫？」とか思われるから、ある意味極端すぎますかね？

結局、ありのままにしても、自分なりのエロスを出してみても、不自然だとダメなのかね？

何か、確固たる答えが出ないなあ。

ぼやぼや考えているのがもったいない。考えすぎている時間に、知識教養を磨いて、知性を上げるのも「色気」の一つかもしれません…。

モテについての注意事項

知らない間に…

長年この仕事をしていると、自分の意図していない知識を山ほど吸収してしまっていた！ という不思議な現象があります。

名付けて「女性心理を知らない間に吸収できている現象」です。

新商品開発のアイデアや企画、事前調査や口コミから、必然的に女ゴコロがわかり、私は女性の本音と建て前を熟知しすぎてしまっていました。（たぶん）

会いに行く日は何としてでも終電で帰されないよう、華やかで女性らしい洋服にしたり、香りを変えたり。

一方、一人でいるときは、炊飯ジャーのままご飯を食べたり、45キロの米俵を軽々かつげた自分に驚愕したり。

多くの女性は、一途で情熱的な一面も、勇ましい一面も、両方持っていることが多いようです。

そして、今や7割以上の方がピンクローターやラブグッズ経験者。エッチのテクを上げるために、動画を見て、練習して実践する。

女子の本音と建て前！

建て前		本音
清潔感と笑顔は忘れずに	⇔	**今日絶対（この男を）落とす！**
「可愛い」「キレイ」と言われたい	⇔	**「コクられる」よう仕掛ける**
（相手に）喜んでほしい	⇔	**まずは自分が喜びたい**
一緒にいると落ち着く存在だと思われたい	⇔	**今日こそは！終電で帰されない！**
ちょっとエッチだと思われたい	⇔	**名器とテクで離れられなくしたい！（そのために鍛錬）**

とにかくけなげで、熱くて、可愛い。

私が思っているより、女子の心はピュアで「可愛い」「キレイ」「ちょっとエッチ」に貪欲だと感じ取りました。

だから「私も、少しでも役に立つよう、とにかくがんばるから！」と、ここまでやってこれたのだと思います。

Q. ラブグッズを使用していますか？
※ラブグッズ＝バイブ、ローター、オナホール全種類含む

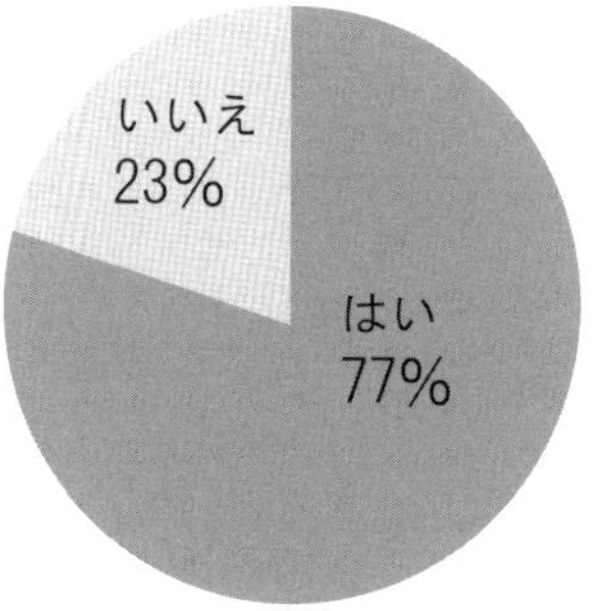

（2019年、12月ラブコスメネット調べ）

また、口コミやアンケートの中でモテテクもたくさん収集してきました。
でも私の場合、仕事に没頭しすぎて、それらを活用するチャンスに恵まれませんでした…。（今思えば、収集したモテテクを武器に飲み会や合コンに行っていたら、何か変わっていたのか？いや変わらない…そもそも呼ばれない）
で、この女性心理を知らない間に吸収できている現象。
実は、こちらが予想外なシーンで、意外な展開につながりました。

あの人がモテ始めた

それは…長年一緒に仕事をしてくれていた、取引先の男性が（お仕事をさせてもらってしばらくしたら）モテモテになったのです。

これ、ホント！

その男性は、音楽や映像制作会社の方でした。

もともと男兄弟の多い家族→工業高校出身→バンドマンで、設立した会社も男性が多い。

私から仕事の相談をしたときは、女性がターゲットの会社とあまり取引がなかったようでした。

そのため、うちの会社のアンケートや口コミ、売れ筋のコスメの調査など、熟読したそうです。

過去のアンケートや、企画への感想コメントなどもくまなくチェック。

音楽や映像で、どんなものが受け入れられるのか？

とその方なりに、ホームページを読みまくって勉強した結果…。

「女性心理を知らない間に吸収できている現象」がこの男性にも発生！

さらに、自分が思っていた女性像と、リアルな女性の本音があまりにも違いすぎて、女性とのコミュニケーション方法も変えた、とか。
• 女性と会話する際は聞き役に徹する
• 女性からの相談には結論を出さない
（結論は本人の中で決まっている。ただ聞いて共感すること！）
ただ、どんな方でもできるコトではないと思います。
ではここで、「このような方は女性心理を習得してモテる可能性がある！」という私の仮説をご紹介します。
• 男ばかりの環境が多く、女性といる時間が少なかった方
• 長く打ち込んできたスポーツがある方
さらに、自分は女ゴコロがわかってないなあ、という状況を、素直に受け入れて動きを変えられる方！
つまり、「恋愛やモテに対して伸びしろがあるかどうか」が重要！
…でもここまで書いてきたのですが、その男性。
モテすぎて、金銭感覚崩壊、さらに家庭生活に支障をきたしてしまい、せっかく習得した女性心理が良くない方向にいってしまったそうで…。
なにごとも、やりすぎには注意です。

（仕事柄モテテクたくさん収集してきたけど、乱用できる環境がなくて逆に良かったのかもね、私！）

処女とかモテとか色気とか

気にしすぎた結果

処女とかモテとか色気とか。
繋がってなさそうで、全て繋がっている3つのこと。性行為や恋愛や自分自身のイメージに関わるこれらを、私は長年気にして生きてきました。

気にしなければいいのに気になるのです。
そして、自分で勝手に気にして、自分を振り回してきました。
もういい大人なんだから、いちいち気にしなければいいのに。
気にしなければ、快適で、前向きな毎日を送ることができるのに。
そう思うのですが、気になって仕方がない。

それはなぜか？

それは…全てをうらやんでいるから。

処女の頃は非処女の人、今はモテている人やモテの方法を知っている人、色気のある人、出せる人。

一方私は自分を信じているような、いないような立場に、これまた勝手に置いているから。

でも、たとえば処女でなくなっても、あの行為で本当に自分は処女でなくなったのか。

誰かに言い寄られても「これはきっと嘘だ。宗教の勧誘だから信じないように」

色気を意識した洋服を着て出かけても「自分のこの選択は間違っていたかもしれない」

毎回そう思っていました。

そして、どこか「女性」である自分が面倒で、処女やモテを気にすることも煩わしい。

世間も自分も、なぜそんなラベルを付けたがるのか？

人間だもの、いいじゃない！　と思ってみましたが、やっぱり気にしてしまう。

ただ、ねたみやひがみにまみれていては、前に進みません。

処女やモテや色気は、あの頃の若い自分だったから気にしたはず。そう言い聞かせるのですが、45歳になった今やっと、こう思えるようになりました。

私はもしかしたら、今もまだ処女で、これからモテるかもしれない。色気が出るかもしれない。

毎日多くの女性の体や恋愛、セクシャルなお悩みに向き合っていたからこそ、まだまだいける、むしろ今からのほうがコンディションは整っているかも、本気でそう思っています。

私にとっての原動力は、多くの女性のお悩みだったのかも…。

その結果、処女とモテと色気を気にしすぎて、つっこみどころ満載の人間になってしまいました…。

それはそれで、面白がっていただけると、幸いです。

第3章

悩みって結局何？

私も悩み続けています

私も悩んでいます

私は20年近く、女性の体、恋、セクシャルの悩みのために、商品企画・開発してきました。誰かの悩みをサポートしてばかりで、自分には悩みはないのか？　と、たまに聞かれることがあります。

もちろんあります！　コンプレックスの塊！　と思うほど悩みはあります。中でも30年以上悩み続けてきたことが、一つあります。

それは「出っ歯」。

とにかく右前歯がグイッと前にそり出していることに、悩み続けてきました。

この「出っ歯」問題ですが、幼少期から進化を続けています。

初めに気にしたのは幼い頃。大人の歯に生え変わったとき「人よりも前歯が大きいなあ」と思うくらいでした。

自分ではそこまで気にしてなかったのですが、男子から「イヤミ」と言われたときに

「やっぱり出てるのか。おかしいのか」と鏡をじーっと見てみました。

そうしたら、やっぱり前歯はそこまで前に出ていなく、実際「ちょっと大きくらい」に見えました。なので、男子から「イヤミ」と言われても、あまり気にせず「イヤミほど出てない」と自信を持って過ごしていました。

しかし、歯茎の病気や親知らず全抜歯、虫歯からの抜歯、顎関節症の悪化などにより、骨格が変わってしまったのか、20代から30代でどんどん前歯が出始めてきました。

これには本当にびびりました。

「あれ？　こんなにそり出ていたっけ？」

「うわ、今日もまた出た」

まるで夏休みのカブトムシの観察のように、前歯が今日はどれだけ出たか、どんなそり出し具合なのか、毎日確認してガッカリ肩を落としていました。出てしまった前歯が引っ込むように、親指の腹でギュウギュウ押すのですが、反対にどんどん出る気がして止めました…。

最終的には寝ているときに、ピョコッと前歯が出て、口が開いてしまい、喉が乾燥。気管支がもともと良くないこともあり、咳が出てしまうと生活に支障が出る。これはいかん！　そんな想いで33歳の頃、矯正を決意しました。

「元気なうちに整えてもらおう！」

と、通っていた歯医者さんに相談しました。

そこで「矯正は専門の先生が来ている水曜日に受け付けています。説明だけで３０００円かかるけど、気になるならぜひ」

と言われ、説明だけでお金かかるのかあ…とか思いながら早速予約を取りました。

１時間ほど話を聞いた結果「あなたもう歳だからね。あなたの歯の状態だと４本か５本抜く必要があります。アゴも弱いから…33歳では体力的に矯正は難しいですね。見映えだけで矯正したいのなら、やめたほうがいいですよ」とキッパリと断られてしまいました。

そんなこともあるんですね…。

処女喪失のとき同様、やる気満々の状態をへし折られたときのションボリ感。また味わってしまいました。

そうだ！ 向き合ってみよう

ガッカリしながら帰宅。私の悩みに背を向けるかのように、その後も出続ける前歯。

最近では、朝、起きた瞬間から出ています。

洗顔で鏡を見るとき「出っ歯」を口の中に入れて、歯と口の乾きを整えてから顔を洗うことにも、慣れてきました。

もはや「出っ歯」との共存。上手く付き合っていけるパートナーとして成長。

インプラントや差し歯なども考えたのですが、自分の健康な歯をわざわざ抜いてまで…という理由と、痛みに耐えられるか？　体力的理由で断念。

そんな「出っ歯」も、毎日見ていたら愛着でも湧くか？　と思い、ヒドロキシアパタイト90％のパウダーで丁寧に磨いて整えるのですが、顔の状態は変わりません。

連日「出っ歯」に思い悩んでいたとき、偶然観た、70代の美魔女の人の動画でちょっと救われました。美魔女と言われる女性の健康方法を紹介していく映像で、その方曰く「一番健康に注意しているのが、歯です！」と一言。

肌とか髪とか言われるのかな？　と思ったのですが「歯」でした。

その方も自分の素の「歯」を大切にしている。健康な「歯」がないと、他が健康でも老けてしまう、味覚もわからなくなってしまうから、まずは「歯」を定期的にお手入れして、自分の「歯」で長生きできるように、と仰っていました。

この発言に、ちょっとホッとしました。

「無理に引っこ抜いてキレイに見せるのもいいけど、もともと健康なものをいかしたほうがいいよね！　そうだよね！」

やっぱり、自分の歯で食べられる、生きていけるっていいよね！　そう思えました。

で、前にせり出した私の「出っ歯」ですが、今日も元気です。

でもマスクしていればわからないし、マスク外しても、黙っていればわからない。

（私、喋り出したら止まらないタイプですので…）ということは、この「出っ歯」のおかげで、静かで控えめな雰囲気作りができて、モテ始めるかもしれない！　抜け落ちるまでは、ひとまず自前で生きていこう！

いよいよだよ、これ以上は無理、見られない顔になったよ、というときは、施工を考えますので、それまでは、この見た目でがんばってみます。

なやみ

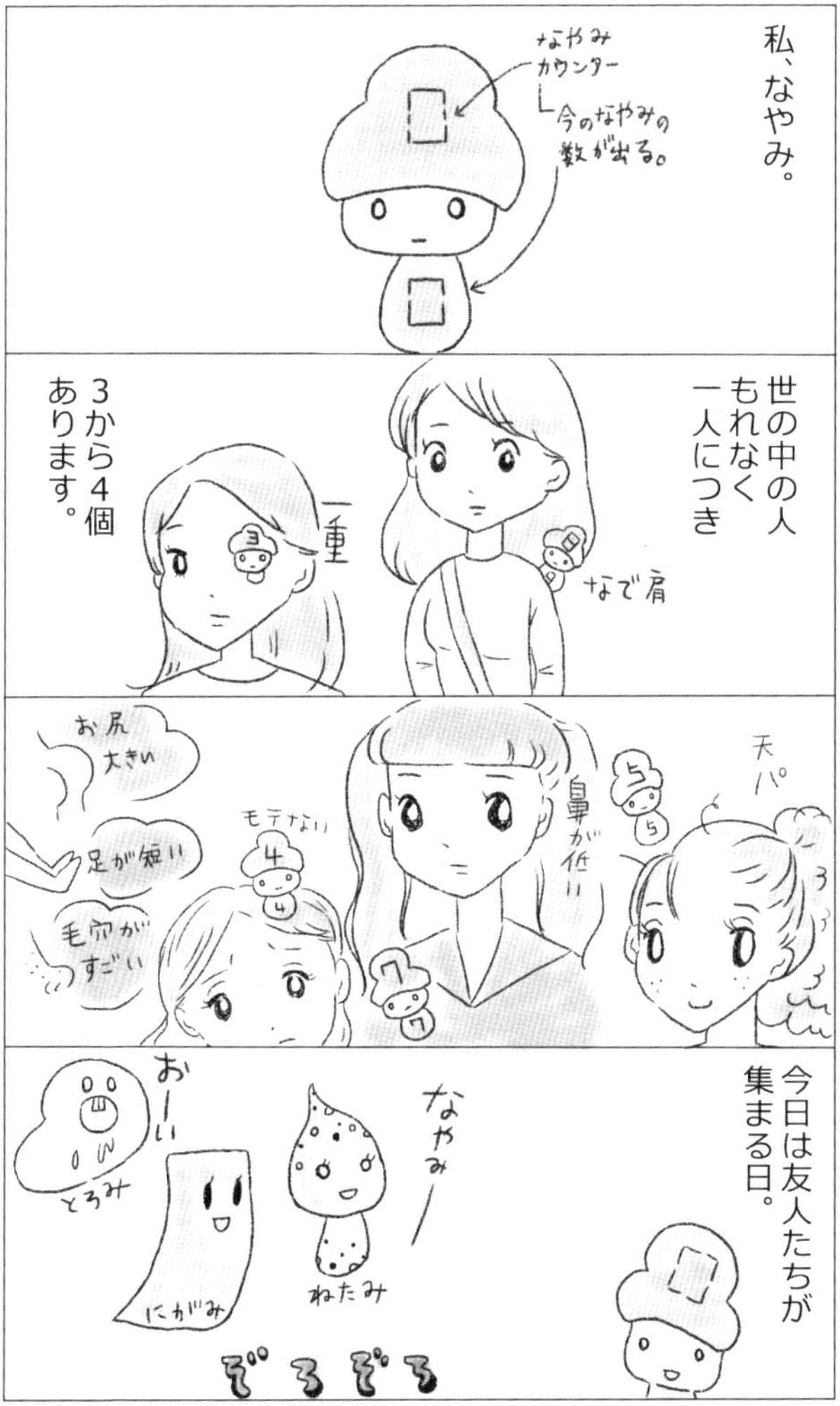
私、なやみ。
なやみカウンター
今のなやみの数が出る。
世の中の人もれなく一人につき
3から4個あります。
なで肩
一重
天パ
鼻が低い
モテない
お尻大きい
足が短い
毛穴がすごい
今日は友人たちが集まる日。
なやみー
おーい
ねたみ
にがみ
とろみ
ぞろぞろ

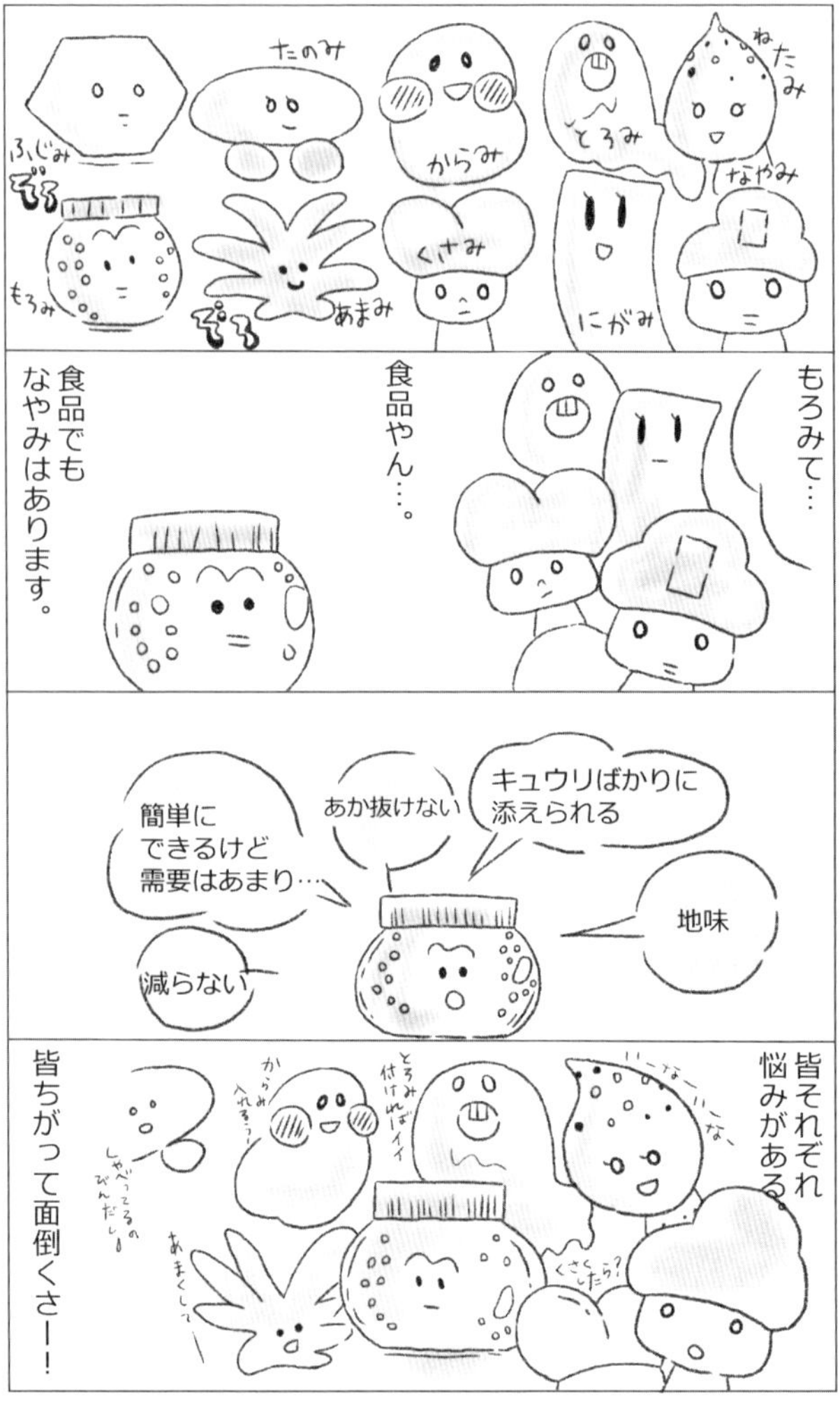

ねたみ
とろみ
からみ
たのみ
ふじみ
ぞろ
なやみ
にがみ
くさみ
あまみ
もろみ
ぞろ
もろみて…
食品やん…。
食品でも
なやみはあります。
キュウリばかりに
添えられる
あか抜けない
簡単に
できるけど
需要はあまり…
地味
減らない
皆それぞれ
悩みがある。
いーなーいーな、
とろみ付ければイイ
からみ入れる?ー
くさくしたら?
あまくして
しゃべってるのぴんだし!
皆ちがって面倒くさーー!

恋の悩みその１：出会いがない

出会いがないってホント？

「出会いがない」

「いい人がいない」

あなたの周りに、こう言っている人はいませんか？

本人を見ると、彼氏とかいそうだし、おしゃれも楽しんでいる。お化粧も上手で身だしなみもキレイ。モテそう。

でも、なぜでしょうか？　なぜ「出会いがない」と嘆くのでしょうか？

「出会いがない」と「いい人がいない」発言について。この二つ。似たような悩みでちょっと違う気がします。

突然ですが、これらの悩みについてチェックシートを作ってみました。気になる方は、ぜひチェックしてみてください。

出会いがない

□新しい場所には行っていますか？
□お誘いを断っていませんか？
□ちょっと「違う」と思ったら自分から遠ざかっていませんか？

いい人がいない

□完璧を求めていませんか？
□自分の理想に近いか？　だけで判断していませんか？
□気になる人がいたときに、自分は相手にどう見られているか？　意識していますか？

（なんか…、恋愛カウンセラーみたいになってきましたが、世間話レベルで聞いてください）

基本的に「出会いがない」「いい人がいない」という方は、意外と新しい場所に行っていなかったり、出会った人の第一印象から、全て自分の理想に当てはめていたりすることがあるのかな？　と思います。

で、なぜそんなことを、私が言うのか？　大した恋愛経験も波乱の恋も、経験人数もないくせに。

それには理由があるのです。

やりすぎている？

誰にも言えない女性のお悩みと向き合って20年。私生活でも、友人・知人からお悩みを相談されたこともあります。

「出会いがない」「いい人がいない」お悩みも、たくさん聞いてきました。そんな私だからこそ？　思うことなのでしょうか、皆さん、少々考えすぎている気がするんです。出会いはタイミングやご縁もあるので、頭で考えていては進まないと思うんですよね。

だから、私が想うのは「考えるな！　感じろ！」この一言につきます。

人のお悩みは千差万別。

その人になってみないとわからないし、私がアドバイスしたところで、本人の中で結論が出ていたり、乗り気がしなかったりすると、行動に移せません。

私も、人の言うことを聞くのが面倒くさいタイプでもあります…。

だから、いろいろ考え込んだり、悩みすぎたりせずに、たまには想うままに進んでみる。何も考えずに、与えられた場所に身を置いて思ったように動いてみると、意外な発見があることもあるはず。

そして、私が彼氏のいない方や、恋愛したいけど面倒くさい、という恋愛相談を受けたときに言うコトはコチラ！

「次に来た人を受け入れてみて！」

コレだけ。

何も考えずに、次に自分に好意を持ってくれた方と、まずは友達になってみる。相手が初めから恋愛感情があるなら、その波に乗ってみる！　自分が思う恋愛イメージや見た目の好みはこの際、捨ててしまうとラクですよ。

だってね、自分に興味を持ってくれた、好意を伝えてくれた！　なんて、人生でそうそうたくさんないですからね。

で、私のこの「次に来た人を受け入れてみて！」に反応して、本当にそうした人は…カップル成立→結婚まで、進んだ方たちが何組かいます。

そして、よく考えてみると、私たちには、意外と時間がないのですよ。

自分の好みにパカッとはまる人を見つけるまで頑張っていたら、日が暮れるだけ。

だから「うーん、ここは一つエミエミ（私）の言っていたことを聞いて、波に乗ってみよう！」と動いてしまえばいいのです。

なんか、真面目な恋愛指南になってしまった…。ぜひ、友達や知人に恋愛相談された際には、自分のネタとしてご活用ください！

恋の悩みその2：付き合っているけど何か違う

なんか違う…という人

「恋が実った！」

と思って、これまで好意を抱いていた人と、ドキドキしながらお付き合いを始めます。

そして、少し月日が経って「付き合ってみて、ちょっと違った」と思うことはよくあります。

そりゃ、違う人間同士が一つのチーム、というか恋人になるのだから、違うことは普通です。

そんな中、気になったお悩みがありました。ここ数年で増えている、こんな質問。

「彼氏が何を考えているのかわからない。上手く会話できない」

「彼と話すことがない」

「皆、彼氏とどんな会話しているの？」

また、私が勝手に名付けた「愛情表現問題」というものもあります。

「愛情を表すのに、どうすればいいの？」

「愛情の伝え方がわからない」

SNSやLINEなど、会わなくても簡単に自分の気持ちを伝える手段が増えたせいなのか…。ハッキリしたことはわかりませんが、人と会う、会話をする、人の話を聞く、という普通のコトができなくなっている人が増えているような気がします。なんだか危険を感じます。

ここで、一旦1行目に戻ってみてください。
- そもそもは好きだから、付き合ったのでは？
- 恋人になれたこと＝ささいなことでも話せる関係。ちょっとしたことでも質問してみては？

・周りのカップル、ご夫婦は意外と他愛もないことを話していますよ。「何を話していいかわからない」「何を考えているのか聞けない」という方が本当に多くいます。

もしかしたら、彼や恋人に嫌われるのが怖い、相手に自分がどう見られているのか知るのが不安、と思われている方もいるかもしれません。

不安や心配があるのは当たり前のことだから、そんな心配で時間を使うよりも「お互い特別な存在なんだから」と、いつもの自分より二割ほど、図々しく構えみていいかもしれません。

話すことがなければ、好きな映画を観たり、近くの喫茶店でお茶をしたり。情報や場所を変えながら、同じ時間を共有して、二人の思い出を増やしてほしい！

そう思うのですが、その見込みさえもなければ、早く別れたほうがいいかもね（バッサリ）。

え、だってそれって自分が楽しくないですよね。だから、無理をして関係を続ける必要はないと思います。一旦リセットするも良し、次に行くのもいいと思います。

自分はどうしたい？

「楽しい！」「好き！」と思えないと、いろいろ考えても続かないと思うんですよ。

相手がどう思っているかも重要だけど、自分がどうしたいかも同じぐらい重要ですよ。

そして相手の意見も聞いて話す。

それさえできれば、よほどのことがない限り、二人がどんな方向に行くのか？行きたいのか？が、見えてくると思います。


そして、こんな気になるお悩みもありました。

「方向性が違うけど、恋人、彼氏という存在がなくなるのが不安。だから別れられない」

「結婚したいけど、彼は全く考えてないみたい。別れを迷っている」

これね、全部まとめてリセーーッット！（マジンガーゼーーッット！ のイメージで。古すぎてすみません…）

3日以上思い悩んでいたら、一旦自分自身の気持ちを、リセットしてみてはどうでしょうか？

もうね、ズバリ、別れたほうがいい！ と思うケースもありますが、それでも、冷静に考えるためにも一旦自分をリセット。

参考までに、タメにならない私のリセット方法を書いておきます。

- 拭き掃除：一か所を徹底的に拭く
- 書いて排出：ノート、スマホのメモ帳など自分が好きに書けるものに何でもいいから書きに書く
- 家じゅうのあらゆるカバーと敷きマットを洗って変えまくる

あとは…

- 海を見に行く
- 商店街で美味しいものを買う
- 降りたことのない駅で降りてみる

無の状態でいずれかを取り入れてみると、自分の中で結論が出るかもしれません。

きっと人間って、知らず知らずのうちに、（恋愛シーンでなくても）リセットして復活して、またリセットして～を繰り返していると思うんですよ。

だから、自分の好きな方法で、自分の体の中もモヤモヤ、悶々、ボヤボヤをクリアにして、それでもモヤモヤがあるのならもう状況を変えたほうが良さそうです。

あと、ビジネス本でよく見るのが「トイレに行ってリセット」。これは簡単！結婚とか恋愛の今後という、どことなく重めのテーマもトイレでリセット！　不要なものを排泄して、内からも外からもスッキリ！ぜひお試しください。

なやみの1日

起きて悩む。
サトコちゃん会社員
アレがコレか～♪
仕事中悩む。
コッチか
コッチか♪
A
B
帰宅前に悩む。
う～ん
明日もはやいしな～
彼 今夜会える？☺
私、ずっと悩んでる！
「悩み」とは選択すること、進むこと。…かもね。
なやみの教え

セックスも悩みだらけ

切っても切れない

恋をして、付き合って、恋愛を楽しむ中で、切っても切れないのが、セックスの悩み。好き合って、または一方的に愛をアプローチして一緒になるのですからね。初めからスムーズに行けばいいのですが、そうは問屋がおろさない。だってね、にんじん…あ、間違えた、にんげんだもの。しかも、他人ですからね。愛を確かめ合おう、大切な人の大切な部分に一刻も速く忍び込んで、秘密の奥義を…と思うのですが、忍び込んでも果たしてそれが成功なのか失敗なのか、正解がないからセックスについて悩むのかもしれませんね。

で、やっぱり人ってちょっとしたコトで悩みがち。ああだ、こうだを自問自答して繰り返して、葛藤して、進んでいるかいないのかわからず、でも時間は過ぎる。セックスのお悩みにしろ、普段の悩みにしろ、そうやってもがいて生きていってるんですね。自覚症状なくても。

でも、やっぱりセックスって、パートナーに対しての「見せ場」のような気がしませんか？

ライブとかでノリに乗っていて、一番盛り上がる曲でパーッと昇り詰めた状態になったところで、たとえばトラブルが発生したりすると、それが原因で、一気に気持ちが冷める。

そうなると、セックスだけではなく、その人への気持ちもちょっと冷めるような。

だからこそ、素晴らしい内容にしたい！

もはや、セックスはライブの最大の盛り上がりみたいなもの。人類みなアーティスト！

そう思うのですが、ちょっと違う？

勝手に一問一答

ちょっと脱線しました、すみません！

改めて、セックスのよくあるお悩みに対し、勝手に一問一答してみました。

Q. 相性がよくない。

A．何度かして試してみるべし！　もう何度もしたのなら手順、やり方を変えてみよう。

Q．セックスの趣味が合わない。

A．再度、お互いの好きなこと、セックスに対する趣味を素直に言い合ってやってみるべし。新しい扉が開けるかも。

Q．自分がセックスで相手にしてみたいコトが言えない。

A．してみたいコトが可愛いコトなら、思いきってやってみては？　後ろから抱きつく、とか耳元でささやく、とか。可愛い行動を取り入れながら、希望を打ち明けてみるのは？　あとは、どさくさまぎれに言ってみる。LINEで送ってみるなど。

Q．マンネリ気味を解消したい。
A．場所を変える、やり方を変える、最近行っていない双方の家に行ってみる。
（その他、お風呂、ホテルのお風呂、旅行なども）

Q．セックス中痛い。言えないし、どうしていいかわからない。
A．優しくそっと伝えてみよう。ほとんどの方は痛みに気づいてないのです…。

Q．気持ちいいのかわからない。
A．回数を重ねるか、彼の動きをゆっくりしてもらうか。さらにひとりエッチで自分の体の性感帯を知るのも重要。

Q．オーラルがイヤ。できればしたくない。

A.「今日はコレしてみたい」と違う行為をしてみる。自分がさり気なくリードする。自分が無理しない行動パターンにパートナーを誘導する。

Q. パートナーにもっとコレしてほしい! という自分の願いを言い出せない。
A. ダメモトで…耳元でそっとささやいてみよう。またはセックス直前に、恥じらいながら「今日やりたいこと」を言い合う。

Q. 終わった後のそっけなさにイラつく。
A. 男性は興奮を鎮める賢者タイムに入っています。賢者タイムとは(女性にもあるという説もありますが)主に男性が、セックス後、全てを出し切って無の境地に入ること。こんな話も関係しているようです。昔、野生動物は交尾中に敵に襲われることが多くありました。そのため、快感状態ではオスはメスを守れない。そこで、外敵から自分やメスを守るために冷静な状態になってしまうそうです。これは、本能的に人間にも言えるようです。だから、まずはそっとしてあげるのがベスト。女性としてはその後のイチャイチャが楽しみな方も多くいるとは思いますが、ちょっと我慢。逆に、彼がボンヤリしている時間をチャンスにしてはいかがですか？　一人で優雅にシャワータイム、温かいお茶を飲むなど。リラックス時間にしてみると、彼がボンヤリしていても気にならなくかるかもしれません。

Q．コンドームを着けてくれない。着けてほしい。

A．きちんと伝えてみましょう。予期せぬ妊娠などもあるので、上手く言えない場合は、インターネットで正しい情報を見つけて共有するとか「着けたほうが気持ちいいコンドームがあるよ」と外側にゼリーが付いているコンドームを渡すのもアリ。

気になった方はぜひ参考にしてみてください。

…このコラムを書いていて、私、なんだかすべてのセックスのお悩みに応えられる気がしてきました。(今までのセクシャルな仕事のおかげですね…感謝せねば！)

参考にしたいので、これを読んでいるみなさんにお願いします。実際、私の回答を使ってみたけど、全然効果なかった！　という方は教えてください。また別の対策を考えます！

なやみのいない日

消えてみる。
バーイ
バーイ
じゃね
悩まない
コレとコレ
買い物も早い。
さっさ
おかか
仕事もサクサク。
誘いもサッと
断れる。
ピ
感情のまま
動いてしまう。
イラ
イラ
イラ
イラ
チョコ
おかし
おかし
足りない!!
いいから
早く!!!
イラ
まんじゅう
スナック
もう〜!?
さっき買ってきた
じゃん。
悩みって理性なのか？
「悩み」あってこそ
日々を過ごせるのかも。
なやみの教え
ごめーん
戻って〜
え？

悩みの正体

私が思うのは…

大昔、ある力士が、体は小柄だけど技の数が多い！　ということで「技のデパート」と言われていました。私の場合、女性の悩みの総合デパート…と言えるくらい、数々の女性の悩みに向き合って、どうすれば結果が出るのか、本気で働いてきました。

たとえば、足の臭い、バストの大きさ、アンダーヘアが濃い、お尻が大きい、眉毛がない、髪の毛量が多すぎ、男性と話せない、モテたい、恋に億劫、キスの回数が減った（増やしたい）、好きな人に彼女がいそう（どうすれば分かる？）、セックスしたい・したくない、自分のGスポットを見つけたい、彼のコスプレ趣味と自分が着たいものが合わないなどなど…。

でも、悩みってなくなるのでしょうか？

私は死ぬまで「悩みはなくならない」と思います。そのときに気になった悩みを解決しても、また別のことで悩む。

悩みがゼロになることなんて、ないと思います。

そして、悩みというのは、誰にでもあるもの。見た目や生い立ちは、全く関係ありません。

どんなに外見が整って見えても、スタイル抜群でも、本人以外の人間には、想像もつかない悩みを持っていることもよくあります。

たとえば、身長の悩み。

ある女性（仮名：美穂さん）は、身長が低くて悩んでいました。美穂さんは「身長が低くて幼く見られる」ことがイヤ。大人になって身長を伸ばすことは難しいので、洋服や靴で大人っぽいイメージを目指します。

一方、美穂さんと同じように、身長の低さで悩んでいる夏子さんという方がいます。

この夏子さんは「身長が低くて周りの人から見下されている感じがイヤ」と思っています。だからいつも、近寄ってきた人から一歩下がり、目線が頭のてっぺんにこないよう、距離を置く、という独自の対策をしています。

このように同じ悩みでも、人によって視点や深さが違うことがあります。

だから単に「身長が低いことが悩み」と言われても「着る服がなさそうで大変」とか「吊革つかまれなそう」とか、その方がどの方向で悩んでいるか、他人が勝手に決めつけるのはダメですね。詳細を聞かないと。

悩みって本当に、本人にしかわからないし、どれだけ自分の悩みのことを人に説明して、優しい言葉をかけてもらっても、解決できないことが多い。

悩みを相談するときって、優しい言葉よりも、解決できる情報やモノ、お店を紹介してほしい！　と私は心から思います。

先に記述した私の「出っ歯」問題も同じ。

私が「出っ歯」で長年悩んでいることは、他の人からすると、言われないと分からないし、悩みの大きさについても「大したことないじゃん」で終わってしまうことがあります。

でも、私にとっては大問題なのです。

また、特に洋服で隠れている部分の悩みについて、ほとんどの方が同じように悩んでいます。
たとえば「体の臭い」の悩み。汗をかいたり、汚れたりすれば、雑菌が生まれて臭いになるのは全員同じです。でも、何かのきっかけで気づきます。そして、インターネットでタメになる情報を集めたり、臭い対策の商品を買ったりします。初めは、半信半疑だけど、少しでも悩みが解消できれば…と自分でお手入れを始める方も多くいます。

その結果！
臭いの悩みが気にならなくなる↓今度はバストの垂れが気になる↓いいものを発見、購入↓バストがキレイになる↓痩せたいと思い始める↓いいサロンを紹介してもらう↓痩せる↓今度は背中が汚いことが気になる
…ということで、解決されたら次から次へ。違う悩みに気づき出します。だから、悩みって結局なくならない！　と思うんです。

悩みは悩みじゃない？

ここで私は思いました。

「悩み」って「悩み」というより「気づき」ではないでしょうか。

臭いもバストの大きさも、アンダーヘアの濃さも、モテたい、好かれたい、も全部。

誰にでもあるきっかけがあって、気づいて、その気づきがネガティブなことだったら「悩み」に変換され、解決するように動く。

「悩み」に気づいた、ということが収穫。

その「気づき」が「悩み」か「魅力」かは、自分で決めます。でも、気づくことって、だいたいネガティブなことが多いんですよね。

変だな、違和感があるな、周りの人と違う…おかしいな、と思うとそこで「悩み」になる。

そして「悩み」をなくそうと動きます。

まるでRPGの主人公が、敵と戦って勝って、強くなるための武器を手に入れて、勇者として進化していくようなＲ!

だから「悩み」って結局自分との戦い？　とか思うし、死ぬまで気づいて、悩むんですよ。

気づいたことは全部悩み。でも気づけた。

それで、自分の理想に辿り着けるまで、洗ったり、捨てたり、切ったり、貼ったり。自分が納得するまで変化、進化を続ける。

理想に近づけたときはうれしい。私の手掛けたものや企画で、悩みがクリアになっていたら、うれしい！

途中で（私の「出っ歯」問題みたいに）考えが変わることもあるので「悩み」イコール全部悪！ではない気もします。

けど、悩みを打ち明けられたときや、悩みを相談されたときは、励ましや共感よりも「結果の出るモノの紹介」か「成果が出るサロンの紹介」（またはクリニック）を優先せねば！と思っています。

とにかく結果優先！

成果が出て解決しても、また気づいて悩むけれど、励ましより悩みがなくなる現実を手に入れてほしい！

私は、そう思います。

「セクシャル」だからこそ

バイブレーターに教わったこと

私は幼少期から「会社員にはならない。好きな絵を描いてイラストレーターになって食べていきたい」と思って過ごしてきました。会社のカの字も知らないくせに。おそらく、型にはまりたくないとか、複数の人と同じことをしたくないとか、そんな浅い反骨精神で、単純にそう思っていただけ…。

高校を卒業後、デザイン学校に入学しデジタルデザイン技術を習得。その後、バイブレーターを取り扱う会社に入るのですが入社当時は「3年経ったら辞めてフリーのイラストレーターになろう」と仕事のことを簡単に考えていました。

でもセクシャルな商品作りや企画は（大変ですが）楽しすぎるし、頑張れば頑張るほど売れるし、忙しい…ってコトは求められているってコトだし…と約20年も働いてきました。

今でも、イラストレーターとか絵を生業にする、という夢は諦めてはいません。けど、この経験がないと今の私はないなあ、セクシャルなことやバイブレーターには、本当にたくさんのことを教わったなあ、としみじみ思うのです。

特に、バイブレーターを企画・開発する際、複雑な機能よりもシンプルな動きが重要、ということだったり、どんな女性器でも一定な部分には当たるように、この動作は必ず全ての機種に搭載しておいたほうがいいとか。あとは、バイブレーターの本体が〝曲がる〟ことは、自分たちが思っている以上お客様は知らない。だから商品説明の仕方はもっとわかりやすく、とか。


機能的なこと以外だと、バイブレーターを使う目的、悩みは人それぞれ。

本当に、面白いくらい違います。

だから、一つのバイブを作る際「このバイブはこの悩みでこういう方向け」と決めて販売したほうが、お客様は手に取りやすいのです。

たとえば、「初心者向けはこれ」とか「バイブレーター、ローター合わせて3種類以上試してきた方にはこれ」とか。あとは、パートナーと一緒に使いたい方はこれ、とか。

作るときもそうですが、いざ販売するときには「ほしい人にほしいもの」が届くよう、限定してアピールしたほうが、悩んでいる方にきちんと伝わりやすい、というのもわかってきました。

ただ、何かを生み出して販売する仕事に「これ!」という正解なんてないのも事実です。

だから「自分がお客様だったら…これでいいの?」と自問自答しながら、業務を進めています。

失敗することもありますが、一人でも多くの方に「今悩んでいることが、これで解決できるかもしれませんよ」とお悩みを対策する一つのアイテムとして、役立てて欲しい、と。気になったらぜひチェックしてくださいね、と謙虚にやってきました。

今改めて考えると、セクシャルがテーマだったからこそ続けてこれたのだ、とも思います。単なるスケベとかどエロなヒトではないのですが、セクシャルな悩みって深いし、何よりも「自信がない」「モテない」「こじらせている」私だからこそ、同じ悩みを抱えた女子たちを、少しでも勇気付けられたら…と思うのです。「こんなことさえなければ、もっとハッピーに過ごせるかもしれない」という希望とともに。役に立ちたい！ という気持ちが、仕事を続けてこられた原動力になっていた気もします。

悩みに助けられた

バイブレーターに教わったこととももう一つ。

長く仕事を続けてこられたのは、多くの女性の「お悩みを何とかしたい」「ここがもっところだったら…」という不満、課題があったから。

コンプレックス（お悩み）商材と言われるブランドなので、そりゃそう、なのですが、私でも気が付かないお悩みを相談され、パートナーともっとこうなりたい！　という想いを受け取ると、黙ってはいられないんです。（でも、全てのご要望に応えられないこともあり…ごめんなさい！）

私には特別な能力はないのですが、悩んでいる人、困っている人を見ると声を掛けずにはいられない。席も譲るし、道案内は近くまで一緒に行きます。

そんな心境。

だから、皆さんが悩めば悩むほど、私は燃える！　創作意欲と制作への情熱がたぎってくるのです。

その一方で、一重まぶたを二重に見せる化粧品（ノリで貼るなどではなく）とか、陥没乳首をキレイにする商品とか、ご要望を頂いても、私たちの力では開発が難しいアイテムも多くあります。

そんなときはいさぎよく諦め、専門家に任せる、という動きをしています。

私が気づいてないだけで、女性の悩みはまだまだありそう。

私もまだまだやることがたくさんありそうです。

テレビ出演依頼

応答
○○テレビの鈴木と言います。情熱的な人に密着する番組をやってます。ぜひ出演して頂けないでしょうか？
え！あの有名な！
情熱番組
ぜひ引き受けたいのですが私が出る場合ちょっと問題がありまして…
鈴木‥具体的にはどんな問題ですか？
こーゆー画とか
パソコン仕事
こーゆー画ばかりになりますが、それでも良いでしょうか？
バイブとかローターとか（モザイク）
来るわけないかあ…。
じー
こんなに情熱的なのにネ

あとがき

この本を手に取って、最後まで読んでくださり、ありがとうございます。

いかがでしたか？

おもしろかったですか？

一瞬でも、クスッと、ニヤッとして頂けたのか…私は今、モーレツに気になっています。

思えば、私は幼少期から、自分がやることなすこと全てにおいて、人がどう思うのか、「おもしろいのか？」「楽しいのか？」をねちっこく考えて生きてきました。

そして、自分の発言や生み出したものを、友達や周りの人に「おもしろい」「楽しい」「良かった」と思ってもらえることに、喜びを感じていました。

頭脳、容姿、技術…全てなしのモテない田舎者のオタク女子。

だからなのか、女子の体・性・恋のお悩みを撃退するモノを生み出す仕事に没頭できたのかもしれません。

私にも悩みは相当数あります。でも、そんなコンプレックスの塊の私だからこそ、本気になって「女子の悩みを解決する」ことに真剣に取り組めているのかも、とも思っています。カテゴリは何でも良かったのです。

でも、特に性やセックスに関する悩みは、奥深い。世の中でオープンに扱われない悩みこそ、その人の本音が見えてくる。

そう思います。

一つのバイブレーターで、気持ちよさの悩みが解決した人もいれば、パートナーとの時間を上手く過ごせた人もいます。たかがバイブ、されどバイブ。昔は、ただのエログッズと思われていましたが、今では女性の悩みを解決する立派なアイテムなのです。

…この本を読んで、セクシャルなことに真剣に向き合っている人がいることを知っていただけたら、と思います。

そして、悩んだときには、私が日々考えているくだらないことにクスッと笑ってもらえたら…、辛い日には「そういえばエッチなことを真剣に考えている変な人がいた」と、私のことを思い出して、ニヤリと微笑んでもらえたら…言うことなし！　です。

※執筆にあたり、担当してくれた編集の柳瀬さん、家族のみんな、ラブコスメの藤島店長、開発の花川さんをはじめスタッフのみなさん、帯を書いてくれた峰なゆかさん、ご協力ありがとうございました。また、文章、画力につたない部分もあったかもしれませんが、今後も精進していきます。最後までお付き合いいただき、本当にありがとうございました！

河野エミ

emiemi

1976年生まれ。

2004年から化粧品、雑貨、食品、映像などの製造・販売メーカーに勤務。

そこで、ラブグッズの企画・開発・制作に携わる。

チームメンバーとともに年間約180品目の商品を企画・開発。

女性の体・恋・セクシャルなお悩みに約20年間向き合い続けてきた。

商品企画・開発をはじめ、イラスト、漫画、コラム執筆、マーケティング、ブランディングなどを得意とする。

Instagramアカウント：emiemikwn76
お仕事の相談はインスタアカウントへのDM かコチラ↓のメールアドレスでも承ります。
emikwkwkw@yahoo.co.jp

情報協力：ラブコスメ
https://www.lovecosmetic.jp/

♥♥♥

女《おんな》の子《こ》のためのバイブを20年間作《ねんかんつく》ってきました

企画 モモンガプレス

2023年1月23日 初版第1刷

著　者　河野エミ

発行人　松崎義行

発　行　みらいパブリッシング
〒166-0003 東京都杉並区高円寺南 4-26-12 福丸ビル6F
TEL 03-5913-8611　FAX 03-5913-8011
https://miraipub.jp　mail:info@miraipub.jp

編　集　柳瀬亮太郎

ブックデザイン　清水美和

発　売　星雲社（共同出版社・流通責任出版社）
〒112-0005 東京都文京区水道 1-3-30
TEL 03-3868-3275　FAX 03-3868-6588

印刷・製本　株式会社上野印刷所

ISBN978-4-434-31445-2 C0076